August Friedrich Christian Vilmar

Von der christlichen Kirchenzucht

Ein Beitrag zur Pastoraltheologie

August Friedrich Christian Vilmar

Von der christlichen Kirchenzucht
Ein Beitrag zur Pastoraltheologie

ISBN/EAN: 9783743369979

Hergestellt in Europa, USA, Kanada, Australien, Japan

Cover: Foto ©Lupo / pixelio.de

Manufactured and distributed by brebook publishing software (www.brebook.com)

August Friedrich Christian Vilmar

Von der christlichen Kirchenzucht

Von der christlichen Kirchenzucht.

Ein Beitrag zur Pastoraltheologie

von

A. F. C. Vilmar,

ordentl. Professor der Theologie zu Marburg, Consistorialrath.

Marburg.
N. G. Elwert'sche Universitäts-Buchhandlung
1872.

Vorrede.

Auf den wiederholten und dringenden Wunsch mehrerer Schüler und Freunde des sel. Vilmar habe ich mich endlich dazu verstanden, die nachfolgenden Blätter über die christliche Kirchenzucht herauszugeben. Sie bilden den Inhalt der besonderen akademischen Vorlesung, die Vilmar als Professor der Theologie zu Marburg zu verschiedenen Malen (in den Sommersemestern 1857, 1861, 1863, und wenn ich nicht irre zuletzt 1867) über diesen Gegenstand gehalten hat und sind eigentlich nur ein specieller Abschnitt aus seiner Pastoraltheologie. Anfangs hatte ich daher die Absicht die vorliegende Abhandlung so lange zurückzulegen, bis es möglich sein würde, eben diese pastoraltheologischen Vorlesungen Vilmars zu veröffentlichen, an die sich dann die gegenwärtige Darstellung über die Kirchenzucht als ein ausführlicherer Excurs an rechter Stelle hätte anschließen können. Da jedoch die Vorbereitung des Vilmarschen Heftes der Pastoraltheologie zum Druck mehrfache, nicht sogleich zu beseitigende Schwierigkeiten darbot, so mochte ich den Bitten der Freunde, den so wichtigen von Vilmar besonders ausgearbeiteten Abschnitt über die Kirchenzucht als selbständiges Ganze erscheinen zu lassen nicht entgegen sein. Ich brauche dabei wol nicht zu befürchten, daß ich der eigenen Warnung Vilmars*) zuwider handle: die kleine Schrift hat nicht im entferntesten die Absicht, die in ihr besprochenen kirchlichen Dinge zum Gegenstand einer öffentlichen Discussion zumal Unberufener zu machen; sie ist vielmehr zunächst nur für diejenigen bestimmt, die im Ganzen in derselben Erkenntnis vom Wesen der christlichen Kirche und des geistlichen Amtes**) stehen, wie sie Vilmar durch gründliches Studium und

---

*) S. 12. — **) Vgl. Die Lehre vom geistlichen Amt von A. F. C. Vilmar. Marburg bei Elwert 1870.

eine ebenso reiche als tiefe Erfahrung sich erworben hatte; ihnen werden diese wenigen Bogen (das weiß ich gewiß) ein wertvolles Zeugniß sein, wol geeignet, sie in immer tieferer Erkenntniß und Ausübung ihres geistlichen Berufes zu erleuchten, zu stärken und zu kräftigen. Dieß schließt jedoch begreiflicher Weise nicht aus, daß das Büchlein auch in weiteren Kreißen Eingang finde, vornehmlich bei allen denjenigen Theologen, die von einem kirchlich-erfahrenen Mann gern etwas lernen wollen, sodann aber auch bei den Theologen, die sich noch soviel geistige Freiheit und Selbständigkeit des Urteils bewahrt haben, daß sie sich weder durch das Geschrei der Gegner noch selbst durch den eigenen subjectiven Standpunkt verleiten laßen, einer an sich gediegenen Arbeit ihre Anerkennung zu versagen. Als eine solche wird man aber die kleine Schrift bezeichnen müßen: über Absolution und Beichte wenigstens ist nicht leicht etwas Beßeres und Brauchbareres geschrieben worden. Nur daß man der hier gegebenen Darstellung die Gerechtigkeit zu Theil werden laße, die sie für sich in Anspruch nehmen darf: einmal, daß das enge Verhältniß beachtet werde, das zwischen der Lehre von der Absolution und Beichte und Vilmars Anschauung vom Wesen der Kirche und des geistlichen Amts besteht; sodann aber daß nicht einzelne Sätze und Behauptungen aus dem Zusammenhange mit dem Ganzen herausgerißen werden, durch den diese erst ihre wahre Bedeutung und ihr rechtes Licht erhalten; — ein Fehler den sich Vilmars Gegner absichtlich oder unabsichtlich nur zu häufig zu Schulden kommen laßen. Daß die Dinge, die hier zur Sprache kommen in weiten Kreißen aus dem Bewustsein der Gegenwart entschwunden sind und auf vielfachen Widerspruch stoßen werden, ist gewiß. Aber darum möchte es vielleicht gerade als gerechtfertigt erscheinen, auf das Wesen und die Bedeutung dieser kirchlichen Ordnungen von Neuem hinzuweisen. Handelt es sich doch hier überall nicht um zeitliche, sondern um ewige Dinge, nicht um die vergänglichen Güter dieser Welt, sondern um die unvergänglichen Heilsgüter der Seligkeitswelt, um Vergebung der Sünden und ewiges Leben.

Hanau im Mai 1871.

Piderit.

Erstes Kapitel.
Von der Absolution (bezw. Retention) als der allgemeinsten Voraussetzung der Kirchenzucht.

Die Vergebung der Sünden ist in dreifacher Beziehung möglich: 1) Die Vergebung der Sünden, welche der Einzelne gegen den Einzelnen begangen hat, Seitens dessen, an welchem gesündigt worden ist (Privatbeleidigung und Privatvergebung). Diese Vergebung hat den Charakter der Herstellung des Gottesfriedens unter den Individuen der Gemeinde, muß von dem Beleidigten um seiner eigenen Seele willen gewährt, aber auch damit dieß geschehen könne, von dem Beleidiger, wieder um seiner eigenen Seele willen, gesucht d. h. das gethane Unrecht muß bekannt werden als Unrecht und mit Verzichtleistung auf Entschuldigung. Diese Sündenvergebung gehört ihrem Wesen nach in die Ordnung des christlichen Seelenlebens und folglich in das Gebiet der theologischen Moral; indes berührt dieselbe doch allerdings auch, wenn gleich indirect, das Gebiet der Kirchendisciplin, und es wird deßhalb hiervon unten, wo von den Gegenständen der Kirchendisciplin soll gehandelt werden, noch besonders die Rede sein müßen. Diese Vergebung ist von dem Herrn Christus vorgesehen Matth. 5, 21—26 und 18, 15—17. Von dieser Art Sündenvergebung ist hier nicht die Rede.

2) Kann aber auch eine Vergebung derjenigen Sünden eintreten, durch welche nicht ein Einzelner persönlich ist verletzt oder geschädigt worden, sondern durch welche ein Cötus christlicher Personen in dieser ihrer Eigenschaft, als christliche Personen, ist verletzt worden: eine Vergebung des angerichteten Aergernisses. Die

peccata oris et operis kann eine christliche Gemeinde an keinem ihrer Mitglieder dulden, indem sie durch deren Duldung die Erklärung abgeben würde, daß diese Sünden für das Zusammenleben von Christen indifferent seien; und unter diesen Mund- und Werksünden gibt es wieder solche, welche die Existenz einer Gemeinde direct angreifen und zu zerstören drohen. Solche Sünden müßen von der ganzen Gemeinde bekämpft (bestraft) werden, und so lange nicht diese Sünden der Gemeinde gegenüber bekannt (als Aergernisse bekannt) worden sind, so lange darf die einzelne Gemeinde den Thäter nicht als zu sich gehörig rechnen, weil er ja sich selbst durch sein Verfahren als Nichtchrist dargestellt hat. Wenn dieß aber geschehen ist, so kann und soll die Gemeinde dem Thäter sein Aergerniß, und zwar in derselben Weise wie die Privatbeleidigungen vergeben werden sollen, vergeben, d. h. den Thäter wieder als zu sich gehörig rechnen und der vorgelegenen Facta nicht weiter gedenken. Auch für diese Art von Sündenvergebung ist von den Aposteln Vorsorge getroffen worden 2 Cor. 2, 6—10. Diese Sündenvergebung gehört ganz in das Gebiet der Kirchendisciplin, und zwar in das Capitel von der Kirchenbuße, wo noch besonders nach den hier einschlagenden speciellen Vorschriften der Apostel davon gehandelt werden soll; es bezieht sich dieselbe auf einen bei weitem größeren Kreiß von Sünden als die Privatvergebung, aber doch immer nur auf einen bestimten und verhältnismäßig engen Kreiß (mehrere Fleischessünden, einige Augensünden und einige Hoffartssünden), nicht einmal auf alle peccata oris et operis, sondern nur auf die offenbar gewordenen, und überall nicht auf die peccata cordis, also durchaus nur auf Sündenäußerungen (Thatsünden), nicht auf die Sünde als solche. Auch von dieser Sündenvergebung ist darum hier nicht die Rede.

3) Gibt es eine, oder vielmehr die Vergebung der Sünden, welche Gott um Christi willen den Sündern verleiht und durch Sein Wort zueignet. Von dieser Sündenvergebung ist hier allein die Rede.

Sehr oft aber sind auf dem Gebiete der Kirchendisciplin diese drei Arten von Sündenvergebung vermengt worden, und namentlich ist die zweite Art mit der dritten so energisch vermischt worden, daß es für Viele äußerst schwer ist, sich in diesem Gebiete gehörig zurecht zu finden. Wenn auch der Einzelne die Privatsünden vergibt, so ist immer noch die Frage, ob dieselben nun auch von Gott vergeben seien, und wenn die Gemeinde das Aergerniß vergibt, so muß in gleicher Weise gefragt werden, ob nun Gott die dem Aergerniß zu Grunde liegende Sünde vergebe oder vergeben habe; weder der Einzelne noch die Gemeinde kann an Gottes Statt vergeben, sondern nur für sich, jene für ihre Person, diese für ihren Cötus. Wenn und so weit man dieß einsah, hat man behauptet, es gebe überall keine Sündenvergebung als Wegnahme der Sünde durch menschlichen Mund; und so weit man dieß nicht einsah, faßte man die Sündenvergebung durch die Gemeinde zugleich als eine Sündenvergebung in Gottes Namen, und lehrte, es sei der Gemeinde die Potestät verliehen, Sünden zu vergeben und zu behalten.

Dieß ist nicht der Fall. Der Herr Christus hat Seinen Aposteln Matth. 16, 19. 18, 18 die Verheißung, und Joh. 20, 22—23 nach der Auferstehung die wirkliche Mitteilung dieser Potestät durch besondere Verleihung des heiligen Geistes gewährt, der Potestät, Sünden zu vergeben und Sünden zu behalten, zu lösen und zu binden, also, daß die Sünden, welche von ihnen vergeben seien, vergeben, diejenigen, die sie behalten, behalten sein, — daß das was sie auf Erden lösen, im Himmel gelöst, was sie auf Erden binden, im Himmel gebunden sein soll. Es ist mithin diese Potestät eine Function des die Functionen des Apostolats zur Erhaltung der Kirche fortsetzenden Hirtenamts, nicht die Function jedes beliebigen Einzelnen in der Gemeinde, noch auch die Function der Gemeinde als solcher. Stünde insbesondere Matth. 18, 18 in der Verbindung mit dem Vorhergehenden, daß in dieser Stelle mit dem „Ihr" die ganze Gemeinde angeredet, also in V. 18 kein anderes Subject gemeint wäre, als die V. 17 genannte ἐκκλησία, so würde daraus notwendig folgen, daß zwar die Gemeinde Sünden an Gottes Statt (für den Himmel) vergeben und behalten könne, aber auch, daß diese Absolution und Retention sich auf Privatsünden des Einzelnen gegen den Einzelnen, wovon V. 15—17 nur die Rede ist, beschränken müße, was eine eben so widersinnige, nur noch weit abgeschmacktere Auslegung ist als die, daß man etwa die Potestät der Sündenvergebung um Matth. 16, 19 willen als dem Petrus allein und nicht den übrigen Aposteln verheißen ansehen wollte.

Wie nun diese Beschränkung durch die Stellen Matth. 18, 18 und Joh. 20, 22—23 beseitigt wird, wo von allen Aposteln, nicht von Petrus allein, die Rede ist, so beseitigt sich jene Beschränkung, welche man in die Stelle Matth. 18, 18 hineinträgt, durch Berücksichtigung der allgemein gehaltenen Stellen Matth. 16, 19 und Joh. 20, 22--23.

Die Verleihung dieser Potestät muß als eine **besondere Einsetzung** des Herrn angesehen werden, da er nicht allein so ausdrücklich und wiederholt sie verheißt, sondern auch durch **besondere Mitteilung des heiligen Geistes**, vor der allgemeinen Ausgießung des heiligen Geistes, gewährt. Sie gehört wesentlich mit zu dem $\mu\alpha\vartheta\eta\tau\epsilon\upsilon\epsilon\iota\nu$, welches Er seinen Jüngern vor seiner Himmelfart aufträgt (denn es gibt keinen $\mu\alpha\vartheta\eta\tau\eta\varsigma$, dem nicht die Sünden vergeben wären), und zwar zu derjenigen Form des $\mu\alpha\vartheta\eta\tau\epsilon\upsilon\epsilon\iota\nu$, welche durch die heilige Taufe vollzogen wird, denn es ist diese Vergebung der Sünden, welche wir eigens „Absolution" nennen, nichts anderes als eine **Wiederholung** der einen Hälfte des göttlichen Actes, welcher in der heiligen Taufe vollzogen wird: sie ist die **Hinwegschaffung** der (neu aufgesammelten und aufgetürmten) Hindernisse der Seligkeit, während die Einpflanzung des neuen Lebens, das Positive der heiligen Taufe, in dem Taufact ein für allemal geschieht, also die Absolution nur dazu dient, den von neuem gehinderten Wachstum dieses neuen Lebens wiederum möglich zu machen.

Hieraus ergibt sich sofort auch, daß die Absolution der heiligen Taufe und dem heiligen Abendmal nicht unbedingt gleich zu stellen ist. Die Absolution hat gleich Taufe und Abendmal die unmittelbare Einsetzung durch Christum allerdings für sich und die Kraft der Sündenvergebung in sich, aber die letzteren göttlichen Acte haben eine wesentliche Kraft mehr: die Erzeugung und Ernährung des neuen Menschen, und außerdem erzielen sie dieses Resultat durch schöpferische Erregung der beiden Seiten der Schöpfung, durch die sichtbare, mit göttlichen Kräften erfüllte Natur (durch die Leiblichkeit, welche geheiligt wird) und durch die unmittelbare Kraft der Gottheit, welche direct auf den Geist des Menschen wirkt. Diese Mitwirkung der zur Erlösung mitverwendeten Welt der Sichtbarkeit fehlt in der Absolution, und will man die Bezeichnung „Sacrament" auf das Vorhandensein eines Elements, zu welchem das Wort hinzutritt, beschränken, so wird man nur die heil. Taufe und das heil.

Abendmal, nicht die Absolution, ein Sacrament nennen können. Bekanntlich hat indes die Augsburgische Confession der Absolution eine Stelle bei den Sacramenten, allerdings ohne den Namen Sacrament für dieselbe zu gebrauchen, angewiesen, und die Apologie läßt sich den Namen Sacrament für die Absolution ausdrücklich gefallen, weil sie Einsetzung des Herrn sei und Gewährung der Sündenvergebung enthalte. Jedenfalls ist sie ein göttlicher Act, welcher der heil. Taufe und dem heil. Abendmal zunächst steht und von diesen Gotteshandlungen nicht getrennt werden darf, wollen wir nicht der heil. Schrift und den Bekenntnissen unserer Kirche in das Angesicht widersprechen.

Nur das könnte man allenfalls fragen, ob die den Aposteln von dem Herrn erteilte Potestät der Sündenvergebung nicht eben dieselbe, aber auch nicht eine andere, weitere sei als die Potestät der Administration der Taufe, und die in derselben enthaltene Macht der Sündenvergebung? Man könnte fragen, ob nach der Taufe noch eine Absolution Statt finde und nicht in der Taufe ein für allemal Sündenvergebung, aber selbstverständlich blos rückwärts, gegeben sei, so daß die Sünden nach der Taufe innerhalb der Kirche auf Erden unvergeblich seien? Die älteste Kirche hat bekanntlich diese Fragen bejahet, hat eine Absolution nach der Taufe für unzulässig erklärt, und zwar mit dem Beisatze, daß auf die Vergebung der Sünden, welche nach der Taufe begangen worden, sich in diesem Leben nur vorbereitet werden könne ,durch Pönitenzen, woraus sich dann später das ganze Pönitenzwesen der occidentalen Kirche im s. g. Mittelalter entwickelt hat. Indes war die Antwort, welche die Kirche gab, weder umfassend noch consequent (wie man denn bald dahin kam, doch eine Absolution nach der Taufe, aber wieder nur eine gelten zu laßen), und der Schrift jedenfalls nicht conform. Daß es Sünden nach der Taufe gebe, welche Vergebung finden, beweist insbesondere im Allgemeinen der 1. Brief des Apostels Johannes (2, 1. 12 ꝛc.), im concreten Falle aber und zwar hinsichtlich einer Sünde, welche nach dem hier ohne Zweifel anzuwendenden alttestamentlichen Maßstabe eine Todsünde war, der Vorgang mit dem Incestuosen in Korinth 1 Cor. 5. 2 Cor. 2, welchem, nachdem er von der Gemeinde gestraft war, der Apostel Paulus im Namen Christi ($\dot{\varepsilon}\nu\ \pi\varrho o\sigma\acute{\omega}\pi\varphi\ X\varrho\iota\sigma\tau o\tilde{\upsilon}$) die Sünde vergab.

Die Wiederholung der Absolution wird übrigens durch die Erhaltung der Kirche unbedingt gefordert, und seit der Entscheidung über die Novatianischen Streitigkeiten steht es in der Kirche allgemein fest, daß die Absolution für Sünden, welche nach der Taufe Statt gefunden, erteilt werden müße, auch hat die A. C. diesen Grundsatz in Art. 12 auf das Energischste ausgesprochen.

Die Objectivität, Wirksamkeit und Notwendigkeit der Absolution, als einer Sündenvergebung an Gottes Statt durch die Administration des Hirtenamtes ruhet nun ganz allein auf der Ueberzeugung, daß von dem Herrn Christus eine bestimte Ordnung für alle Zeiten bis zu Seiner Wiederkunft eingesetzt worden sei (ein Institut begründet), durch welches das Seligkeitsgut allen nachkommenden Geschlechtern gesichert und in derselben Weise überantwortet und zugeeignet werde, wie dieß an den ersten Christen geschehen ist. Diese Ueberantwortung und Zueignung ist aber nur geschehen und konnte und kann nur geschehen durch die persönliche Gegenwart und lebendige Wirksamkeit des heiligen Geistes und durch die von dieser Gegenwart und Wirksamkeit des heiligen Geistes vermittelte lebendige Gegenwart Christi. Oder vielmehr ist die Gegenwart Christi und des heiligen Geistes dieses Seligkeitsgut selbst. Es sind nicht bloß Wirkungen aus der Ferne, Nachwirkungen der einst vorhanden gewesenen Gegenwart Christi und des heiligen Geistes, welche wir in der Kirche erfahren und haben, sondern es ist die stete unveränderte Anwesenheit, die unmittelbare Nähe des heiligen Geistes und durch Ihn Christi des Herrn, welche wir anerkennen müßen, wenn wir nicht haltungslos, hier langsamer, dort schneller, aber schlechthin unaufhaltsam in das Heidentum zurücksinken wollen. Gottesnähe und Gottesgegenwart, lebendiger persönlicher Verkehr Gottes mit uns und unser mit Gott ist die unerlaßliche Bedingung unserer Seligkeit; die unerlaßliche Bedingung der Seligkeit derer die nach uns kommen, ist die unerlaßliche Bedingung der Existenz und der Dauer der Kirche. Es muß erkannt (geglaubt) werden, nicht daß nur Regungen die vom heiligen Geist ausgehen in uns erweckt werden durch das gepredigte Wort oder das Sacrament, sondern daß der heilige Geist als eine lebendige Realität, als eine „Person" mitgeteilt werde; erkannt und geglaubt, daß nicht allein von dem Herrn Christo und über den Herrn Christus zu uns gesprochen werde, sondern daß Er selbst zu uns spreche, oder, wenn wir selbst Sprecher sind, daß Er durch uns spreche, Er Selbst, der Gekreuzigte und Auferstandene. Wir sind es nicht, welche die Kirche fortpflanzen, sondern es ist der Herr Christus Selbst, der sie durch Seine Gegenwart, es ist der heilige Geist, der sie durch seine unmittelbare Wirksamkeit fortpflanzt. Erkennen wir diese Gegenwart des heiligen Geistes und Christi des Herrn nicht an, so pflanzt er Seine Kirche durch uns nicht fort, weil wir uns vor Ihm zurückziehen, und Er uns in Folge dessen verwirft (von sich abschüttelt), aber Er pflanzt sie fort durch Andere, und immer auf dieselbe Weise, wie Er es von Anfang an gethan hat.

Jene Uebermittlung dessen, was wir vorher das Seligkeitsgut genannt haben, die Vermittlung der lebendigen und unmittelbaren Gegenwart des heiligen Geistes und hierdurch Christi an alle successiven Geschlechterfolgen der Menschen kann nun nicht anders erfolgen als durch Wort und Sacrament; das erstere ist an die Verkündigung, die Sacramente sind an die Ausspendung gebunden, und Beides wird durch Personen vermittelt. Ohne Personen (gleichsam in abstracto, selbständig, gewissermaßen zufällig) gibt es keine Wortverkündigung, keine Sacramentspendung, keine Uebermittlung des Seligkeitsguts, keine Garantie der Seligkeit.

Diese Personen sind von dem Herrn nicht im Unbestimten gelassen, nicht der Bestimmung der Menschen überlaßen worden — er hat das Wort nicht etwa auf Gerathewol ausgestreut. Es sind von Ihm die Apostel und weiter mittels des heiligen Geistes die Apostelnachfolger, die Hirten, bestimt worden. Ohne das Vorhandensein dieses von Christo selbst eingesetzten göttlichen Amtes gibt es keine Uebermittelung und Garantie des Seligkeitsgutes, gibt es keine persönliche Gegenwart des heiligen Geistes und Christi Selbst.

So hat die Kirche von Alters her mit der größten Entschiedenheit gehalten und gelehrt, so lehrt mit der größten Bestimtheit und dem schärfsten Nachdrucke auch die A. C. Art. 5, desgleichen 14 und 28, so wie die Apologie. Die Hirten vertreten Christi Person. Durch die Hirten wird die Gemeinde gebildet, nicht umgekehrt, die Gemeinde hat nichts, besitzt nichts, gibt sich nichts, sondern sie verhält sich nur empfangend. [Die Rückwirkung, welche die Gemeinde durch ihren Glauben auf ihren Mittelpunkt, den

Geistlichen, ausübt, ist nur eine persönliche, keine sachliche, d. h. sie erweckt ihn, sie stärkt ihn, sie bewahrt ihn, aber sie gibt ihm keinen Stoff des ewigen Lebens]. Die Ausführung und Begründung hiervon gehört in die Lehre vom geistlichen Amt (in der Dogmatik, so wie in einer vollständigen Pastoral-Theologie).

Dieser lebendige Glaube an die Gegenwart des heiligen Geistes und Christi, welche sich durch das geistliche Amt vermittelt, fehlt heut zu Tage der Mehrzal der Geistlichen, auch denen, welche im Allgemeinen zu denen zu rechnen sind, welche den Herrn Christus bekennen, ja zu denen, welche, wie man das gewöhnlich nennt, an den Herrn Christum glauben. Der geistliche Stand ist in eine Gottesferne und Christusferne getreten, welche Erschrecken, ja Entsetzen erregt. Es hat sich der Personen desselben eine Zagheit bemächtigt, die oft nahe an heidnische Furcht grenzt, und ein Zurückweichen von Gott, welches trotz des vorgeschützten individuellen Glaubens den Abfall in sich enthält. [Die Ursache hiervon liegt freilich zunächst in dem Rationalismus, dessen Tendenz ja eben darin bestand, die Gottesnähe aufzuheben und die Entfernung von Gott unter dem Titel einer „reineren Religionserkenntnis" oder „einer wißenschaftlichen Einsicht" so groß zu machen wie nur immer möglich, um die Thätigkeit des Menschen, Gott gegenüber, allein zur Geltung zu bringen. Aber der Rationalismus hat nur die Keime dieser Gottentfremdung zu Wachstum und Blüte gebracht, welche längst vor der Zeit des Rationalismus, theils die ausschließliche Betonung der Lehre in der s. g. todten Orthodoxie (die in diesem Stück wirklich nicht blos todt, sondern tödtend genannt zu werden verdient), theils durch die ausschließliche Betonung der subjectiven Frömmigkeit in dem s. g. Pietismus, in die Kirche und in den geistlichen Stand waren gelegt worden]. Es ist so weit gekommen, daß man sich förmlich fürchtet, die lebendige Gegenwart Christi, die unmittelbare Nähe und Wirksamkeit des heiligen Geistes zu bekennen, daß man wahre Angst davor hat, sich selbst als Repräsentanten Christi und Ausspender des heiligen Geistes zu betrachten. Das geht so weit, daß man, wenn davon die Rede ist, als Instrument Christi aufzutreten, durch Gebet und Handauflegung den heiligen Geist mitzuteilen, im Namen Christi zu drohen, Sünden zu vergeben und Sünden zu behalten, geradezu dieß für Gottesversuchungen, ja wol gar für frevelhafte Gottesversuchungen erklärt. Damit aber tritt der geistliche Stand herab auf den Standpunkt des Abfalls, und er thut damit durchaus nichts Anderes als was der Judakönig Achas that Jes. 7, welcher angeblich auch nicht Lust hatte, Gott zu versuchen, wiewol ihm doch geboten war ein Zeichen zu fordern. Uns ist dasselbe geboten wie Achas dem Könige, und es ist uns Mehr geboten als dem alttestamentlichen König. Es könnte uns und unserm Geschlecht nicht beßer gehen als Achas; ja unsere Verwerfung wird eine weit schwerere sein als die der abgefallenen Könige und Priester des A. T., denn durch die Erscheinung des Sohnes Gottes im Fleisch sind wir in eine weit größere Gottesnähe gesetzt worden, als dieselbe im Alten Bunde vorhanden war, und wir sind noch weit davon entfernt, uns nur wieder in eine alttestamentliche Gottesnähe zu stellen.

Bevor wir nicht wieder in diese warme, belebende und kräftigende Gottesnähe zurückgekehrt sind, und uns nicht überzeugt haben, daß es unser, des geistlichen Standes, eigenster Beruf und eigenste Aufgabe sei, diese Gottesnähe zu vermitteln (zur Begreiflichkeit und zur Gewißheit bei dem christlichen Volke zu bringen), wird die Bedeutung der Absolution (wird aber auch die Bedeutung der gesamten Kirchendisciplin, ja die Bedeutung des geistlichen Amtes überhaupt) nicht eingesehen und begriffen werden. Worte werden die Stellen von Thaten, Vorstellungen und Begriffe die Stelle von Realitäten vertreten, bis der Leuchter wird von seiner Stätte gestoßen werden, und dieß wird ganz gewiß eben so wie bei Ephesus (Apoc. 2, 5) geschehen, weil dieselben Vorbedingungen eingetreten sind, wir haben die erste Liebe verlaßen und weigern uns Buße zu thun und die ersten Werke zu thun. Wir wollen uns aber nicht verhehlen, daß die großen Maßen (und nicht etwa des Volks allein, sondern eben unserer Amtsgenoßen) in immer allgemeinerer und immer schnellerer Flucht vor Gott, vor Christo und dem heiligen Geist begriffen sind, und weit lieber auf die Stimme der Stupidität und Malice hören, welche diese Gottesnähe als Gottesversuchung, Ueberspannung, Hierarchismus und dgl. ausschreiet, als auf die Stimme des Erzhirten.

Und doch kann es in der That unmöglich eine zugleich stupidere und zugleich maliciösere Insinuation geben, als eben die letztgedachte des Hierarchismus, welche man gegen die Handhabung der Absolution geltend macht. Die Hierarchie im übeln Sinn will herschen um der Personen willen und auf einem dem eigentlichen Berufe fremden Boden. Von Beidem tritt hier das Gegenteil ein.

Die Person des Absolvierenden tritt allerdings nämlich als Mandatar Christi auf, aber auch eben nur als Mandatar, nicht als irdische Persönlichkeit, welche als solche irgend einen Einfluß auf die Person des zu Absolvierenden äußern könnte oder wollte. Wer aber im geistlichen Amte stehend dieses sein Amt und sich selbst erkennt, weiß vor allen andern Dingen das, daß er sein irdisches Ich überall gänzlich zurücktreten laßen, ja in sehr vielen Fällen geradezu darangeben müße, wenn er dem Amte gerecht werden wolle, und daß die Handlungen des Amts in so weit Handlungen des Gerichts und nicht des Segens für ihn seien, als er der zeitlichen Persönlichkeit ein Mitwirken dabei gestatte. Dieß gilt ganz eigens und in hervorragender Weise von der Absolution. Darauf aber haben die Widersprecher eben nicht Lust oder nicht Fähigkeit, sich einzulaßen. Gerade der Mandatar schon ist ihnen anstößig, und zwar darum, weil sie Christum und den heiligen Geist in die Wirklichkeit dieses Lebens hereintreten zu laßen, sich mit ihrer Achasgesinnung nicht entschließen können. Daß Christus Selbst durch einen menschlichen Mund direct zu ihnen spreche, das eben ist ihnen unerträglich, folglich unglaublich. Ist aber dieser Widerwille gegen den lebendigen und hier gegenwärtigen Christus gebrochen und dieser Unglaube an die persönliche Gegenwart des heiligen Geistes überwunden, so versteht es sich leicht ganz von selbst, daß die Absolution so wie sie eingesetzt ist, noch heute gegeben und empfangen werde.

Insbesondere haben wir hier einem Irrtum entgegen zu treten, welcher aus der katholischen Anschauung von der Absolution herüber genommen ist, aber bei uns nicht Platz greifen und jedenfalls nicht gebuldet werden darf. Der Absolvierende hat als Träger des geistlichen Amtes wie gesagt die Stellung eines Mandatars Christi, daraus aber folgt mit Bestimtheit, daß er nicht etwa eine intercedierende Stellung habe zwischen Gott und dem zu Absolvierenden, also gewißermaßen neben Christus, aber auch nicht zwischen Christus und dem zu Absolvierenden. Daraus würden consequent zwei Acte

der Absolution folgen: erst der intercedierende Act des Absolvieren=
den, dann der schließliche, gleichsam ratificierende Act Gottes. Die
Einsetzung der Absolution weist uns sehr bestimt auf einen Act
hin, und zwar den, welchen der Absolvierende, eben als Man=
datar, vollgültig an und für sich, vollzieht in Gottes, in Christi
Namen; Christus spricht mittels des heiligen Geistes direct durch
den Mandatar. Aber freilich verwerfen wir eben damit auch die
entgegengesetzte Zerteilung des Actes der Absolution, daß etwa der
Act der Vergebung von Gott bereits vollzogen und nun von dem
intercedierenden Absolventen dieser im Himmel bereits vollzogene Act
auf Erden repetiert würde. Diese Auffaßung ist mit dem Wort der
Einsetzung wo möglich noch weniger vereinbar als die erstere. —
Hier ist von Hierarchie, in sofern dieselbe im Geltendmachen der
Personen bestehen soll, auch nicht einmal möglicher Weise die Rede.

Daß aber die Absolution im Sinne der Kirche in so fern Hierarchie
sein solle, als die Kirche mit der Absolution auf einen ihr fremden
Boden trete („Gewißenszwang übe") ist mehr als bloße Stupidität
(so sehr diese auch bei dieser Anklage mitwirken mag); es ist hier
absichtliche Verkehrung (und zwar eine aus dem bösesten Willen
hervorgegangene) vorhanden. Zur Empfangnahme der Absolution
wird niemand gezwungen (wie später bei der Erörterung der Privat=
beichte noch besonders erörtert werden soll); wer sich die allgemeine
Absolution (wie dieselbe in den hessischen Kirchen sonntäglich ver=
kündigt werden soll) nicht in dem Sinne, in welchem sie in der
Kirche angeordnet ist und gesprochen wird, aneignen mag, der unter=
läßt es eben auf seine Gefahr; uns gilt dieser Standpunkt einst=
weilen noch für einen unreifen, heidnischen oder halbheidnischen Zu=
stand, der sich das von der Kirche dargebotene Seligkeitsgut anzueignen
verschmähet. Das aber kann allerdings niemand von uns ver=
langen, daß wir solche in der Gottentfremdung, wenigstens Gottes=
ferne willkürlich stehen bleibende Individuen für Solche ansehen
sollen, welche sich im Vollbesitz der Güter des ewigen Lebens gleich
uns befinden. Und auch das laßen wir uns nicht gefallen, daß
man uns aufbürden will, als befänden wir uns mit unserer Ab=
solution nicht ganz und gar auf dem geistlichen Gebiet, sondern
griffen mit einer äußerlichen und folglich willkürlichen Gewalt=
handlung nach den Seelen zu deren Knechtung und Unterjochung.

Was geistliches Gebiet werden kann, ist eben das Gebiet der Gnade und Erlösung, und die Absolution ist nichts anders, kann und will nichts anders sein als ein Act der erlösenden Gnade. Auf diesem Gebiete aber laßen wir allerdings keine Herschaft, welche aus einem fremden Gebiete stammt, kein Urteil, welches andere Maßstäbe als die der Gnade anlegt, gelten, das bewußte oder unbewußte Heidentum ist für uns auf diesem Gebiete schlechthin incompetent, und so wenig wir in die weltlichen Dinge einzugreifen uns anmaßen, so wenig dulden wir die Anmaßung, daß uns von jenem Gebiete aus Eingriffe in das unsrige gemacht, Vorschriften erteilt und Regeln gesetzt werden. Diese auf dem weltlichen Gebiete anerkannte Gerechtigkeit nehmen wir allerdings in Anspruch. — Aber wir drängen unsern Glauben niemanden auf (so wenig wie wir uns den Unglauben aufdrängen und ausdisputieren laßen); und hier kann nicht eindringlich genug dagegen gewarnt werden, sich nicht mit Unfertigen, mit Neophyten oder Halbgläubigen in Discussionen über die Absolution einzulaßen; sie setzt eine Reihe sehr bestimter — nicht göttlicher Kenntnisse, sondern christlicher Lebenserfarungen voraus, und gehört nicht zu den Elementen der christlichen Unterweisung, wie noch zur Zeit die Sachen stehen. Am wenigsten ist es geraten, diese Sache auf den literarischen Markt zu bringen und zum Gegenstande einer öffentlichen Discussion zu machen, in die sich Juden und Judengenoßen, Türken und Heiden mischen können. Das Evangelium will gepredigt sein, nicht geschrieben, und dieß ist ganz eigens Gegenstand der evangelischen Predigt. Mündliches Zeugnis!

Nach diesen Erörterungen über den Quell der Wirksamkeit der Absolution, über ihren Ursprung, fragen wir nun nach der Art und Weise ihrer Wirksamkeit.

Sie wird vollzogen durch das Wort, und so ist denn die Frage, welche uns entgegentritt, die nach dem Verhältnis der Absolution zur Predigt des göttlichen Wortes. Ist die Predigt göttliches Wort und auch die Absolution göttliches Wort, so liegt die Meinung nahe, es sei etwa die Absolution nur ein besonderer Act (Form) der Predigt des Wortes, und in dieser Meinung sind Viele befangen, so irrig dieselbe auch ist und so leicht sich dieser Irrtum auch als Irrtum nachweisen läßt. Die Predigt hat die

Aufgabe, darzulegen, was Gott für die Seligkeit der Menschen gethan hat, oder was er für dieselbe thun will (bzw. wie sich die Menschen zu diesen Thaten Gottes verhalten haben und verhalten sollen), die Absolution sagt, was Gott in diesem Augenblicke thut, und zwar durch das verkündigte Wort der Absolution selbst thut. Die Predigt ist, insofern sie die Sündenvergebung predigt, immer nur Anbietung der Gnade der Sündervergebung, Reizung, dieselbe anzunehmen, so wie dieselbe angeboten wird; die Absolution ist reale Erteilung der Sündenvergebung, Zueignung der im Allgemeinen durch die Predigt bereits angebotenen Sündenvergebung an diejenigen bestimten Personen, welche dieselbe suchen. Die Predigt von der Sündenvergebung ist allezeit nur vocatio und illuminatio; die Absolution entspricht einem höhern, fortgeschrittneren Zustande des Gotteslebens im Menschen, dem der Buße, welche erst auf die angenommene Berufung und Erleuchtung folgt. Diesem realen Zustande der Buße muß eine gleich reale That Gottes entsprechen (nicht widerum die jetzt nicht mehr dem vorhandenen Zustande correspondierende Vocation), und dieß eben ist die Erteilung der Sündenvergebung, ist die Absolution.

Aber verhält sich nicht, fragt man nun weiter, die Sache vielmehr so, daß die Predigt allerdings zur Buße ruft, die Erlösungsthat Gottes darlegt und zur Annahme derselben, der Sündenvergebung einladet, daß aber die Erteilung der Sündenvergebung, so wie die Aneignung dieser Erlösungsthat Gottes, die Annahme der Sündenvergebung sich nun ohne weitere Wirksamkeit des äußern Wortes Gottes, als Wirkung des Wortes Gottes, lediglich im Innern des Menschen vollzieht? Und man setzt noch hinzu: Um in meinem Innern mit meinem Heiland einig zu werden, bedarf ich keines Colloquenten oder Intercedenten (welches Letztere freilich richtig ist). Dieser Vorstellung liegt eine Reihe von Irrtümern zu Grunde, welche tiefgewurzelt und gegenwärtig nur sehr schwer zu beseitigen sind.

Richtig ist es ja, daß die Vergebung der Sünden innerlich erlebt sein will, daß also die Absolution nicht ex opere operato in dem Sinne wirkt, als ob dieses Erleben in keiner realen Beziehung zu der Absolution stehe, durch die Absolution auch ohne das Vorhandensein dieses Erlebens die Vergebung der Sünden bewirke; — richtig ist darnach auch, daß der zu Erlösende und Erlöste in ein persönlich unmittelbares, in ein individuell innerliches Verhältnis zu seinem Erlöser treten soll und tritt; — richtig endlich auch), daß dieses individuell innerliche, persönlich unmittelbare Verhältnis des Erlösten zu dem Herrn Christus besonders im ersten Act der Bekehrung, bei der ersten bewusten Rückkehr zur Taufgnade, zumal nach einem sehr intensiven Bußprocesse, ganz besonders, ja einstweilen ausschließlich in den Vordergrund tritt. Aber alles dieß ist der schriftmäßigen und kirchlichen Lehre von der Absolution gegenüber völlig ohne Gewicht; sie wird von diesen Zugeständnissen ganz und gar nicht getroffen. Am wenigsten gerade von dem letzten, wiewol sich gerade dieses Zugeständnis auf eine nicht allein unbezweifelt richtige, sondern sogar recht bestimt geltend zu machende und festzuhaltende Thatsache stützt. Wir dürfen nämlich niemals die Zustände der ersten Bekehrung zu Maßstäben der Zustände und Ordnungen der Kirche, d. h. unsere Individualität zum Richter über das Leben der Kirche im Ganzen machen, wie das in diesem Falle geschieht, wenn wir über unserm individuellen Verhältnis zu dem Herrn Christo vergeßen, daß es neben und über diesem Verhältnis noch ein anderes, objectives gebe, und eben diese individuellen Zustände uns zu einem höheren und festern Verhältnis zu Christo, zu einem Verhältnis, welches eben über die Individualität hinaus und auf die Kirche hin oder vielmehr in dieselbe hinein weist, führen sollen. Solche neophytische Anschauungen geltend zu machen, ist eben nichts anderes, als Eigenwilligkeit und Sektirerei, die ja überall wo nicht ganz doch zum größten Theile auf Neophytie beruhet.

Aber die Irrtümer, welche jenen Einwendungen zum Grunde liegen, reichen weit tiefer, als in die Neophytie. Vor allem tritt hier heraus der Irrtum der Neuzeit, daß das Verhältnis zu Christus allein bestimt werde durch den Menschen selbst, durch das Verhältnis, in welches er sich zu Christo setze, daß die Gemeinschaft mit Christus, daß die Kirche, nicht von Oben, durch Christi That und Wirksamkeit, sondern von Unten, durch das Bekenntnis und den Glauben der Individuen vermittelt und bestimt werde, daß die Aufnahme des Wortes und der Gebrauch der Sacramente, nicht das Vorhandensein und die Verkündigung des Wortes, nicht die Administration der Sacramente, die Kirche constituiere, daß also mit einem Worte jenes subjective Element des Verkehrs mit Christo das allein

grundlegende, allein berechtigte sei; — daß also die Gläubigen und
Bekehrten als Einzelne die Kirche ausmachen, und die Kirche überall
nur in diesem innerlichen Verkehr der Gläubigen mit Christus (nicht
eigentlich Christi mit den Gläubigen) bestehn. Denn wenn die
Sündenvergebung sich nur in meinem Innern vollzieht, so vollzieht
sich dieselbe ohne Rücksicht auf Andere, mit denen ich an und für
sich gar keine Gemeinschaft habe; nachher erst frage ich, ob es noch
andere gebe, in welchen dieselbe Erfarung, die ich gemacht habe, sich
finde, und mit diesem schließe ich mich denn, natürlich in mensch=
licher Weise (denn eine göttliche Verbindung mit ihnen ist in
meinem innerlichen Act gar nicht indiciert) mit ihnen zusammen;
wir machen dann kraft unserer Erfarung einen Verein aus,
und zwar den absolut wahren, aber ausschließlich geistigen
Verein. Dieser Verein baut sich also auf durch die Zusammen=
addierung von Individuen; er ist eben nicht (sichtbares) Institut,
sondern lediglich (unsichtbarer) Verein. Es ist der Grundirrtum
von der unsichtbaren Kirche als der allein berechtigten, allein
wahren, dieser spiritualistische und die Propagation des Seligkeits=
gutes im höchsten Grade gefährdende, die Pädagogie der Kirche
geradezu vernichtende Irrtum, welcher hier zum Grunde liegt, der
aber allerdings noch zur Zeit so tief gewurzelt ist, daß die in
diesem Punkte Rechtgläubigen oft geradezu für Irrgläubige ausgegeben
werden.

Diese Irrtümer laufen nun auf unserm Gebiete in die Spitze
aus, daß die Sündenvergebung ein rein innerlicher, bloß als Wir=
kung des zuvor in der Vocation verkündigten Wortes Gottes er=
scheinender Act sei, nicht eine sich fortsetzende und stets neu wieder=
holte besondere That Christi; daß sie nur eine innere Erfarung von
dem sei, was Christus überhaupt, im Allgemeinen vollzogen habe,
nicht eine neue That des Gekreuzigten und Auferstandenen, welche
Er eben jetzt an dem seine Sünden erkennenden und auf die Tauf=
gnade zurückgehenden Individuum vollziehe; daß also eigentlich nur
die subjective Empfindung von dem was Christus im Allgemeinen
gethan hat, nicht aber die speciell auf das Individuum wirkende
That Christi selbst in die Wagschale geworfen wird. Dabei wird
dann ignoriert und oft sehr laut und heftig perhorresciert der Um=
stand oder die Thatsache, daß die Buße und Sündenvergebung so

wenig wie irgend etwas auf dem Gebiete des göttlichen Lebens, ein rein innerlicher (s. g. geistiger) Act sei, sondern daß zu Vollziehung jedes göttlichen Actes Innerliches und Aeußerliches, inneres Wort und äußeres Wort, Seele und Leib zusammen in Anspruch genommen und in Thätigkeit gesetzt werden, so daß wir von unserm Standpunkt aus jedem Act, welcher entweder bloß geistig oder bloß leiblich ist und doch für einen göttlichen Act ausgegeben wird, die Göttlichkeit unbesehens absprechen. Zu einer vollständigen Buße gehört das **Aussprechen** der Sünde, und zu einer vollständigen Sündenvergebung gehört das **Aussprechen** der Sündenvergebung, selbstverständlich das Letztere durch einen Andern; niemand kann sich selbst gegenüber die Sündenvergebung pronuntiieren. Wir dürfen niemals vergessen, daß wir uns nicht in ein Verhältnis zu Christo als Erlöste setzen können, auch nicht durch unsern Glauben, durch unser Bekenntnis, durch unsere Reue und Buße, sondern daß wir von Christo in ein Verhältnis zu Ihm **gesetzt werden**, und zwar, daß wir in dieses Verhältnis nur gesetzt werden können durch einen sowol innerlichen als äußerlichen uns gegenüberstehenden Act, nicht durch eine innere Erfarung, welche nur zu oft auch nur vorübergehende Empfindung d. h. Stimmung oder Aufwallung sein kann. Hiermit stimt die reichliche Erfarung aller derer überein, welche über das Neophytentum und ein bloß subjectives Christentum hinaus gekommen sind. Schon das ist eine durchgehende Erfarung der zu einem weitern Wachstum befähigten Neophyten, daß das, was sie als Sündenvergebung erfaren in Folge des ersten Bußprocesses, jedenfalls mehr sei als eine bloße Wirkung des berufenden Wortes Gottes, welches vorher verkündigt worden; übereinstimmend erklären selbst Solche, welche mehr auf dem pietistischen oder methodistischen Standpunkte stehen, daß bei der eintretenden Gewißheit der Sündenvergebung „Christus selbst gekommen sei", daß also eine von der Vocation verschiedene That Christi vorliege. Aber alle diejenigen, welche zu einer reifen Erfarung ihrer Sünden gelangt sind, d. h. diejenigen, welche den Bußproceß öfter erlebt haben und zu der, oft leichthin theologisch besprochenen aber sehr schwer praktisch vollzogenen **täglichen Buße** sich durchgearbeitet haben oder vielmehr von Christus gezogen worden sind, alle diese bekennen, daß sie „mit sich selbst nicht fertig werden können", sondern daß sie die Verkündigung der Sündenvergebung nötig haben und nicht entbehren können. Diesen ist es denn auf dem angedeuteten Wege freilich auch vollkommen klar und gewiß geworden, daß diese Verkündigung direct von dem lebendig und leibhaftig gegenwärtigen Christus durch Vermitlung des lebendig und warhaft, persönlich gegenwärtigen heiligen Geistes vollzogen, diese Verkündigung mithin eine reale That Christi sei, welche an ihnen vollzogen wird. (Das gilt eben auch von der gemeinen Beichte und Absolution, wie dieselbe z. B. in der hessischen Kirche üblich ist. Man kann eben nach dieser warhaft Hunger und Durst haben, und wo die Privatbeichte und Privatabsolution weggefallen ist, ist die sonn= tägliche gemeine Beichte gewiß unerlaßlich). Wir leben eben in einer sichtbaren Kirche mit hörbarer Sündenvergebung, und überlaßen die unsichtbare Kirche mit ihrer lediglich im Geist sich vollziehenden Sündenvergebung bereitwillig denen, welche es vor= ziehen, sich auf den Standpunkt des Königs Achas zu versetzen; sie zu zwingen unserm Glauben sich anzuschließen fällt uns nicht ein, auch nicht, sie zu persuadieren, was ja ohnehin unmöglich ist.

Nach allem dem bedarf es für uns kaum noch der Frage, ob die Absolution enuntiativ oder exhibitiv sei. Ist sie eine That Christi, so ist sie exhibitiv, ist sie eine bloß menschliche That, so ist sie enuntiativ, dann aber auch Null; ist sie als Theil der Vocation enuntiativ, so ist sie eben nichts als Vocation, d. h. allerdings gött= liche Handlung, aber nur eine bedingte göttliche Handlung, während wir eine unbedingte göttliche Handlung suchen; eine vorbereitende göttliche Handlung, während wir eine abschließende und vollen= dende göttliche Handlung begehren. Darum kann auch die Ab= solution nicht der ganzen Kirche eigen sein: dieß führt notwendig entweder zu einer bloß enuntiativen Sündenvergebung oder dazu, daß die Kirche (Gemeinschaft der Individuen) sich selbst die Sünden vergäbe. Ist die Absolution der ganzen Kirche zu= geeignet, so daß dieselbe nicht etwa bloß für die ganze Kirche bestimt ist, wie Wort, Taufe, Abendmal, Chorismen, sondern daß die Ab= solution von ihr ausgeht und vollzogen wird, so möchte sich diese Vorstellung (abgesehen von der bereits erörterten Schriftwidrigkeit derselben) nicht anders realisieren laßen, als durch die Annahme, daß an und für sich jedem einzelnen Individuum in der Kirche die Macht der Absolution zukomme, welche von Jedem gegen Jeden geübt werden könnte. Da nun aber nimmermehr eine einzelne Person, eben als christliches Individuum, sich die Fähigkeit (Macht) zuschreiben wird, dem Andern die Sünden effectiv zu vergeben — es müßte denn der Gipfel der Vermeßenheit in wiedertäuferischem Wahnsinn erstiegen worden sein — so reduciert sich diese Sündenvergebung auf eine „brüderliche Zusprache", wie dieß wirklich die reformierte Kirche angenommen hat und fortwährend annimmt. Hier liegt begreiflicher Weise die vorher schon berührte Verwechslung zwischen Vocation und Sündenvergebung zum Grunde, aber zugleich auch sehr deutlich in ihrer Irrtümlichkeit zu Tage. Das einzelne menschliche Individuum kann nicht mehr thun, als das Wort, so weit dasselbe bei ihm selbst Eingang gefunden hat (als Resultat seiner Erfarung, als individuelles Zeugnis) dem Andern mitteilen, also lediglich diesen Andern versichern, daß ihm von Christo werde Sündenvergebung zu Theil werden oder auch wol zu Theil geworden sei; aber diese Versicherung ist eben nur ein Ergebnis individueller Erfarung und Beurteilung, nicht eine Versicherung an Christi Statt, nicht eine Versicherung Christi selbst — sie ist und bleibt nichts anderes, als eine *promissio*, eine Verheißung der Sündenvergebung, und diese wird allerdings durch die Wortverkündigung, auch schon durch die, welche jedem Christen zusteht und obliegt, gegeben. Das aber ist gerade die Kernfrage unserer ganzen Absolutionslehre, ob es in dieser Welt bei einer Verheißung der Sündenvergebung allewege bleibe, oder ob es auch eitel reale Erteilung derselben gebe. Diejenigen, welche der ganzen Kirche die Absolution zuteilen, müßen mithin, weilen sie consequent sein, die Möglichkeit einer Erteilung der Sündenvergebung überhaupt leugnen, und sich auf den schon erörterten und widerlegten Satz zurückziehen, daß jeder Einzelne innerlich mit Christo ins Reine zu kommen habe, d. h. sie müßen sich auf die Existenz einer unsichtbaren Kirche, als der allein wahren Kirche, zurückziehen.

Oder will man die der Kirche im Ganzen erteilte Macht der Sündenvergebung etwa so verstehen, daß sie diese Macht zwar besitze, aber in ihren einzelnen Gliedern nicht ausüben dürfe, sondern sich selbst einen Commißar bestellen müße, welcher in ihrem Auftrage die Absolution erteile, so reduciert sich dieß einmal auf verworrene, der Schrift und den Kirchenbekenntnissen ins Angesicht widersprechende Vorstellungen vom geistlichen Amt, welche an einem andern Orte zu erörtern sind, sodann aber auch wieder auf die eben besprochene Irrlehre: hat kein Einzelner die Macht effectiver Sündenvergebung, so hat sie auch der Complex der Einzelnen nicht, und kann also auch keinen Mandatar nun mit der Macht bekleiden, den er, dieser Complex, und die Einzelnen besitzen; es bleibt dann bei einer enuntiativen Sündenvergebung, also zuletzt bei der Lehre von der unsichtbaren Kirche. Wollte man aber mit einem herzhaften Sprung behaupten, die Sündenvergebung sei in **exhibitiver** Weise der ganzen Kirche, d. h. nur dem Complex von Individuen, nicht den Individuen gegeben, so wird ein folgerechtes Denken notwendig dahin getrieben werden, zu behaupten, es vermöge die Kirche sich selbst die Sünden zu vergeben: der Complex, welcher freilich doch nun wieder aus Individuen besteht, vergibt eben dem Complex, die Individuen in ihrer Zusammengefaßtheit vergeben den Individuen, — zuletzt vergibt jeder Einzelne sich selbst die Sünden.

Es sind dieß Alles Vorstellungen, welche nicht etwa nur schriftwidrig und bekenntniswidrig sind, sondern welche, sobald man sie in der wirklichen Welt vollziehen und nicht bloß in den Köpfen, in Büchern und auf dem Papiere stehen laßen will — ja sobald sie nur ein energischer Denker eben als Gedanken zu vollenden unternimt — sich selbst widersprechen und sich selbst auflösen. Sie dienen aber allesamt dem Abfall, wie sie bereits aus dem Zustande der Gottesferne und Christusferne, also aus einem wenn schon unbewußten Abfall hervorgegangen sind.

Wir werden uns nunmehr der Frage nach den Wirkungen (der Tragweite) der Absolution zuzuwenden haben.

Vorerst müßen wir festhalten, daß der Act der Absolution nicht ein Judicialact, sondern ein Gnadenact ist. Allerdings muß im concreten Falle bei der Privatabsolution ermittelt werden, ob wirkliche Sündenerkenntnis, Reue und Buße, vorhanden, ob neben den terrores incussi auch Glaube an das Evangelium das Herz des zu Absolvierenden erfülle, damit nicht etwa durch Schuld des Absolvierenden die Absolution einem nur in der $\lambda \acute{\upsilon} \pi \eta\ \tau o \tilde{\upsilon}\ \kappa \acute{o} \sigma \mu o \upsilon$ Befindlichen oder gar einem Heuchler und Lügner erteilt werde, und diesen Act der Ermittlung kann man freilich einen Judicialact nennen, aber diese Ermittlung ist eben nicht der Act der Absolution, sondern eine Vorbereitung auf die Absolution. Diese bringt nur Vergebung der Sünden. Wird aber die Absolution wegen mangelnder Bereitung des zu absolvierenden Subjects nicht erteilt, vielmehr die Retention ausgesprochen, so ist dieß selbstverständlich eben nicht Absolution, sondern der Abschluß des derselben vorausgehenden judiciellen Actes.

Ein Anderes aber ist es, daß die Absolution zum Gerichtsact werden kann, und zwar durch die Schuld des zu Absolvierenden. Die Absolution trägt ganz und gar denselben Charakter, den alle Erweisungen der göttlichen Thatkraft, alle Manifestationen der göttlichen Gegenwart, alle Theophanieen des Alten und Neuen Testaments tragen, den insbesondere auch Christi Zukunft ins Fleisch trägt: den Einen zur Gnade, den Andern zum Gericht, den Einen zur Seligkeit, den Andern zur Verdammnis. Den an die Absolution nicht Glaubenden, den ihre Sünden nicht Erkennenden, den Reuelosen, Heuchlern u. s. w. wird allerdings die Sündenvergebung in voller Realität mittels der Absolution zugeeignet, aber da sie von ihnen sich nicht angeeignet werden kann, so sind ihre Sünden durch die Absolution ihnen nicht nur nicht vergeben, sondern es ist eine neue und schwerere Sünde hinzugekommen: die Zurückstoßung des lebendigen Gottes, die Verleugnung Christi, die Verschmähung des heiligen Geistes. In ähnlicher Weise, wie der unwürdige Genuß des heiligen Abendmals zum $\kappa\rho\iota\mu\alpha$ wird, so wird auch der unwürdige Empfang der Absolution zum $\kappa\rho\iota\mu\alpha$.

Dieß Verhältnis anzukündigen, zum Bewußtsein zu bringen, ist denn auch der nächste Grund der liturgischen Einrichtung, vermöge deren meist bei der allgemeinen Beichte auf die Absolution ein ausdrückliches Verkündigen der Retention folgt (wie z. B. in der hessischen Kirchenordnung, wo mit dem größten Nachdruck eingeschärft wird, es dürfe diese Retention niemals ausgelaßen werden); es ist diese Retentionsverkündigung einer Ermahnung für die Zukunft gleich zu achten, sich von nun an der Absolution, der angebotenen Gnade offen zu halten (und folgt wirklich in der hessischen Kirchenordnung eine solche Ermahnung disertis verbis nach der Retentionsverkündigung).

Wie jene Vorbereitung zur Absolution, die judicielle Präparation, anzustellen sei, davon in der Lehre von der Beichte alsbald Näheres.

Noch aber tritt uns hier eine Frage des tiefsten Ernstes entgegen: Reicht die Absolution, bezw. die Retention, auch in das zukünftige Leben hinein? Diese Frage stellt uns zwar auf die Zinnen des geistlichen Amts, als wirklich von Gott gesetzte Wächter seiner Stadt und Gemeinde, aber sie zeigt uns auch den bodenlosen Abgrund der Verdamnis, an dessen Rand wir durch die Einsetzung in das geistliche Amt gestellt werden. Wer diese Frage nur einmal ernstlich erwogen hat, der hat den Leichtsinn dieser Welt, auch die Lust dieser Welt und sogar ihre sonst erlaubten Freuden überwunden; aber mit diesem hohen Ernste ist auch die allertiefste Demut in sein Herz eingezogen und eine gänzliche unbedingte Hingabe aller seiner Gedanken an Christus. (Das auch in diesem Augenblick wol zu bedenken! es ist eben diese Stunde auch eine Stunde des Gerichts).

Die aufgeworfene Frage ist, betrachtet man sie genauer, vollkommen gleich mit der Frage: gibt es eine relative Sündenvergebung, oder ist die Sündenvergebung als solche absolut? Eine relative Sündenvergebung würde eine solche sein, welche nur einstweilen einen Aufschub der Strafe, mit dem Vorbehalt der vollen Execution derselben zu seiner Zeit und unter den bestimmenden Umständen, gewährte, oder auch etwa eine solche, welche nur einen Theil der Strafe, wie namentlich die zeitlichen Strafen, erließe. Daß die Absolution nicht eine Sündenvergebung der ersteren Art sei, ja daß eine solche Sündenvergebung überhaupt nicht eine Sündenvergebung genannt werden könne, versteht sich leicht von selbst. Fristerstreckung ist allerdings ein Act der Gnade, aber eben kein Erlaß; non est reservatio culpae coram Deo in iis qui vere convertuntur sagt die Apologie (VI, 80, Hase S. 199). Daß aber die Absolution auch nicht eine Sündenvergebung der letzteren Art sein könne, leuchtet von selbst ein: nach der göttlichen Oekonomie werden bekanntlich die Sünden vergeben, während gleichzeitig die zeitlichen Folgen der Sünde fortdauern: die ewigen Strafen werden erlaßen, die zeitlichen nicht. Außerdem würde eine solche Sündenvergebung, maßte sich je die Absolution derselben in dem Sinne an, daß sie von den eben bezeichneten, den s. g. natürlichen Strafen ent=

binden könnte, geradezu wider die Schrift laufen und im höchsten Grade unsinnig sein, indem in der Einsetzung der Absolution von einer, den Aposteln und Hirten erteilten Macht über die Natur mit keinem Worte die Rede ist, was doch der Fall sein müßte, wenn die Absolution im Stande wäre, natürliche Strafen zu erlassen, auch erfarungsgemäß eine solche Wegschaffung der natürlichen Strafen nicht in der Absolution liegt, sondern etwa in dem Charisma ἰαμάτων. Ganz bestimt spricht sich auch hierüber die Apologie aus: Hae poenae (temporales) nihil pertinent ad claves, quia claves neque imponere neque remittere eas possunt, sed Deus sine ministerio clavium imponit et remittit. (Ap. C. VI. §. 59, Hase p. 194). Zudem aber würden wir durch Annahme einer derartigen Strafverlaßung, sollte dieselbe sich auf positive d. h. Kirchenstrafen beziehen, mit zwingender Notwendigkeit nicht nur in das ältere Buß=wesen (daß der Mensch nach der Taufe für alle Sünden persön=lich büßend einstehen müße), sondern mit unabweislicher Consequenz in die Werkgerechtigkeit zurückgetrieben werden. Und eben bei diesem Bußwesen und dieser Werkgerechtigkeit erhebt sich erst recht die von uns aufgeworfene Frage, ohne eine Antwort finden zu können, so daß die Annahme dieser Art von Absolution uns in die höchste Gewißensangst, in den Zweifel und in die Verzweiflung zurück=werfen würde, welcher wir durch die Reformation glücklich entgangen sind. Daß solche peinlich quälende Fragen: ob der Ablaß auch für das zukünftige Leben gelte, und wenn ja, in wie weit — vielfach erwogen worden sind, ist bekannt und die Apologie der A. C. führt gerade diese Frage als eine die Gewißen verwirrende ausdrücklich auf.

[Die praktisch geltende Lehre der katholischen Kirche war nämlich die: die Absolution reicht an sich nicht in das ewige Leben hinein, sondern hat nur die Kraft, die ewigen Sündenstrafen in zeitliche, d. h. in Fegfeuerstrafen und diese in Satisfactionen, zu verwandeln. Diese Satisfactionen ver=treten mithin die ewigen Strafen, jedoch nur in so weit als sie für bestimte, in der Beichte bekannte, Sünden auferlegt und wirklich geleistet worden sind. Indes können auch diese Satisfactionen durch die Indulgenzen erlaßen werden, woher denn zuletzt der „Ablaßkram" entstand. Will man die Ab=solution nicht in das zukünftige Leben hineinreichen laßen, und doch in der Absolution eine Realität, nicht eine allgemeine und bedingte Zusicherung finden, so bleibt diese Theorie oder Praxis, wie man sie nennen will, immerhin die plausibelste. Daß hierbei kein wahrer Friede für den den Frieden ernstlich Suchenden zu finden ist, versteht sich freilich von selbst].

Es kann für den, welcher die Lehre von der Sündenvergebung aus der Schrift und aus der Lehre der evangelischen Kirche kennt, nicht einen Augenblick zweifelhaft sein, daß eine relative Sündenvergebung nicht existiere, vielmehr die Sündenvergebung, wo sie eintritt, absolut eintrete. Die Rechtfertigung um des Verdienstes Christi willen, welche durch den Glauben erlangt wird, hat ohne die Voraussetzung des Eintritts einer absoluten Sündenvergebung schlechthin keinen Sinn; das Opfer Christi am Kreuz ist Null, wenn die durch dasselbe erlangte Sündenvergebung nicht unbedingt ist. Wird nun die Sündenvergebung durch die Absolution erteilt, in aller Realität dem, welcher dieselbe mit Reue und Glauben sucht und empfängt, gewährt, so ist es kein Zweifel: es wird durch die Absolution die Sünde absolut vergeben (in die Tiefe des Meeres geworfen); die Sünde tritt nicht noch einmal, im letzten Gericht, anklagend vor den hin, dem sie einmal vergeben worden ist; durch die Absolution, als Erteilung der Sündenvergebung, ist der Absolvierte von Christus angenommen worden als der Seinige (eingezeichnet in das Buch des Lebens welches Er selbst ist), und nur ein neuer Abfall kann eine abermalige Annahme (in dem regressus ad baptismum, in der täglichen Buße) fordern. So sagt auch die Einsetzung der Absolution ganz bestimt: was ihr auf Erden löset, soll auch im Himmel los sein; welchen ihr die Sünden vergebet, denen sind sie vergeben (*ἀφίενται αὐτοῖς*). Und die A. C. betont auf das Stärkste, daß die Sünden in der Absolution vergeben werden coram Deo: absolutionem complectimur, cum de fide dicimus, quia fides est ex auditu ut ait Paulus (Rom. 10, 17); nam audito Evangelio, *audita absolutione*, erigitur et concipit consolationem conscientia. *Et quia Deus vere per verbum vivificat,* **claves vere coram Deo** *remittunt peccata*, juxta illud (Luc. 10, 15) qui vos audit, me audit. Quare voci absolventis non secus ac voci de coelo sonanti credendum est (V, §. 39. 40), Hase p. 167). Christus de remissione peccati loquitur, cum ait: Quidquid solveritis etc., *quo remisso sublata est mors aeterna et reddita vita aeterna* (VI. §. 41, Hase p. 190).

Es muß deshalb mit großem Ernst behauptet werden: die Absolution hat Macht, den ewigen Tod hinwegzunehmen und das ewige Leben wiederzugeben: sie nimmt den ewigen

Tod wirklich weg und gibt wirklich das ewige Leben. Die hier auf Erden, in diesem Leben, gesuchte und in der Absolution empfangene Sündenvergebung wird mitgenommen in das Zwischenreich und in die Auferstehung von den Todten und in das ewige Leben: die in der Absolution zugeeignete Gottesgnade reicht auch in das zukünftige Leben hinein. (Selbstverständlich: wenn sie in diesem Leben gesucht und empfangen worden; den im Zwischenreich Befindlichen können wir von hier aus nichts mehr leisten, und darauf bezieht sich auch die [oft unverständig angeführte] Stelle in der Apologie: indulgenciae male intellectae sunt, quod liberant animas ex purgatorio: At clavis non habet potestatem, nisi super terram ligandi et solvendi« (VI, 78—79. Hase p. 199); wie denn auch der deutsche Text hat: „so doch die gantze gewalt der schlüßel in der Kirchen nit weiter sich erstreckt, denn allein hie auf die lebendigen").

Daraus ergibt sich aber nun auch die Kehrseite mit gleich unzweifelhafter Gewißheit: diejenigen Sünden, welche nicht vergeben worden sind, werden behalten als Sünden auch vor Gott, d. h. diejenigen Personen, welchen die Sünde nicht vergeben worden ist (welche die Vergebung nicht mit Reue und Glauben gesucht, die verkündigte Sündenvergebung sich nicht angeeignet oder ausdrücklich [z. B. als incompetent] zurückgewiesen oder freventlich verschmähet haben) bleiben in ihren Sünden und in den Folgen derselben, wenn nicht inmittelst Umkehr bei ihnen eintritt, bis zum Tode, und folglich, da die Hirten auf die Glieder ihrer Heerde nach deren Tode eine Einwirkung nicht mehr zu äußern im Stande sind, wir den Tod aber für den entscheidenden, d. h. für immer entscheidenden Wendepunkt im Verhältniß des Menschen zu Gott erklären, bleiben in ihren Sünden und in deren Folgen für die Ewigkeit. Sie sind Christo nicht eingefügt, nicht in das Buch des Lebens, welches Er ist, eingezeichnet worden, und es muß das Wort der Offenbarung hier in buchstäbliche Anwendung kommen: wer nicht geschrieben gefunden wird im Buche des Lebens, wird in die λίμνη πυρός geworfen, Apoc. 20, 15.

Dieß ist der Sinn der Retention, wie sie auch z. B. in der hessischen Kirchenordnung deutlich bezeichnet wird: „und wird sie Gott ernstlich und gewißlich strafen, hie zeitlich und dort ewiglich".

Wol aber versteht sich von selbst, daß die Retention allezeit nur bedingungsweise d. h. für den Fall der nicht noch in der Zukunft des Lebens, und wäre es im letzten Atemzuge, erfolgenden Umkehr, ausgesprochen werden kann. Wie diese Retention im Allgemeinen ausgesprochen werden soll über diejenigen, welche die Absolution mit anhören, aber zur Empfangnahme derselben nicht geschickt oder nicht willig sind, und diesen Personen gegenüber direct und unzweifelhaft wirksam ist, so kann und soll sie auch ausgesprochen werden über einzelne Personen mit ihren besondern in Unbußfertigkeit verharrenden Sündenzuständen. Es kann diese Retention gegen solche Personen wiederholt, aber auch in der Weise als ein letztes Mal (also in gewissem Sinne definitiv) ausgesprochen werden, daß die Kirche von der Existenz eines wißentlich in Sünden und Unbußfertigkeit verharrenden Gliedes nicht ferner von sich aus Notiz nehmen werde, bis dahin, daß eine offenbare freiwillige Umkehr desselben eintrete, wozu dann sich weiter von selbst versteht, daß die Retention ausdrücklich auf diesen Fall so wie auf den Todesfall extendiert und mit den bestimten Worten verkündigt werden muß, daß, wenn bis zum Tode diese Entfremdung von der Kirche Seitens des Unbußfertigen beibehalten werde, die Sünden werden behalten werden bis zum jüngsten Tag und bis zum Gericht über alle Welt. Die Retention in dieser Form ist der Kirchenbann, welcher, wenn er nicht gelöst wird, die Gebannten von der Seligkeit ausschließt. »Clavis potestatem habet non imponendi poenas, aut cultus instituendi, sed tantum habet mandatum remittendi peccata his qui convertuntur, et arguendi et excommunicandi istos, qui nolunt converti. Sicut enim solvere significat remittere peccata, ita ligare significat non remittere peccata; loquitur enim Christus (Mtth. 16, 19) de regno spirituali« sagt die Apologie (VI. §. 79, Hase S. 199). Von dem Banne, dessen unerläßliche Voraussetzung die Lehre von der Absolution in der Faßung ist, in welcher wir sie hier aufgestellt haben, wird demnächst besonders die Rede sein.

So reicht die dem geistlichen Amt überwiesene Macht allerdings in die Ewigkeit hinein und äußert ihre Wirkungen noch in der Auferstehung der Todten und im Weltgericht. Wer daran nicht glauben kann oder mag, dem ist nur zu raten, daß er dem geistlichen Amt fern bleibe, denn er wird nichts anders sein können, als im besten Falle ein guter christlicher Freund für die Glieder der Gemeinde, die er kaum als ihm anbefohlen, als auf seine Seele gelegt wird ansehen können — er ist dann nur ein Zureder und Ratgeber, und trägt somit eine Function, welche Andere eben so gut, und, da das Zureden und Ratgeben nicht gerade Jedermanns Sache ist, vielleicht weit beßer zu versehen im Stande sind. Die Nichtachtung des geistlichen Standes ist zum sehr großen Teil davon ausgegangen, daß man demselben nicht nur keine geistliche, in die Ewigkeit hineinreichende Macht mehr zugestand, sondern daß er selbst sich eine solche nicht zuschrieb, vielmehr sogar gegen den Besitz einer solchen auf die lächerlichste, und zugleich kläglichste Weise protestierte. Keine Person und kein Stand aber hat Anspruch auf Achtung, die oder der nicht eine gewisse Macht besitzt und sich derselben bewußt ist; am allerwenigsten aber hat ein etwaiger Stand von Redenhaltern und Ermahnern, welche gänzlich unvermögend sind und sein wollen, ihren Ermahnungen Nachdruck zu geben, Anspruch auf Achtung. — Wer aber an diese Macht glaubt und sich nun vom geistlichen Hochmut verführen läßt, auf diese Macht zu trotzen und zu pochen, wie das nicht allein im 16. Jarhundert, auch nicht allein im Kreiße der separierten Lutheraner vorgekommen ist, der soll wißen, daß diese Trotzworte als Gerichte Gottes auf sein eigenes Haupt zurückfallen werden, und ohne eine sehr tief gehende Buße keine Hoffnung auf Vergebung haben. Es heißt das geradezu Gott versuchen, wenn es nicht mitunter noch mehr ist: sich selbst an Gottes Stelle setzen, und sein wollen wollen wie Gott. Denn wer es über sich gewinnt, sich als den Sündenvergeber zu rühmen, der hat in dem Augenblick Christum den Sündenträger, durch den er doch nur seine Potestät besitzt, gänzlich vergeßen. Solche Reden, welche sich rühmen, daß man die Macht habe Sünden zu vergeben, beweisen zudem den Zustand völliger Unbekehrtheit, denn wer seine eigenen Sünden erkennt, wird sich nicht versucht fühlen, sich der Macht der Sündenvergebung zu berühmen. Ohnehin ist dieser Weg der allergeradeste, um das Verständnis für die Bedeutung der Absolution in der Gemeinde gänzlich zu ertödten, ja, menschlich zu reden, völlig unmöglich zu machen.

Und doch ist es in unserer Zeit eine der Hauptaufgaben der

Pfarrer, welche sich wieder in ihrem ursprünglichen Berufe zurecht zu finden gelernt haben, dieses Verständnis wiederum zu erwecken, es den Gemeinden zum Bewußtsein zu bringen, daß die Absolution bzw. Retention eine Realität, und welche Realität sie sei — die Gemeinden wieder zum Glauben daran zu bringen, daß der Pfarrer Macht habe, die Sünden für Zeit und Ewigkeit zu vergeben und für Zeit und Ewigkeit zu behalten, daß also die Absolution ohne Schaden an der Seligkeit zu nehmen nicht dürfe unempfangen bleiben. Nur läßt sich dieß nicht mit einem Male erreichen, am wenigsten erfliegen oder gar erzwingen. Es gehört hierzu eine aus tiefster eigener Erfarung entsprungene unabläßige Predigt von der Sünde, so wie eine eben so unabläßige Predigt von der Erlösung — wolverstanden der, welche der Prediger an sich selbst erfaren hat. Wer nicht in dieser Weise Zeugnis ablegen, sondern etwa nur über die Sünden und über die Erlösung predigen kann, wird schwerlich nur das Geringste ausrichten. Sodann aber gehört dazu ein lang fortgesetztes in Predigt und Seelsorge energisch wiederholtes und aus dem von Christi Liebe erfüllten Herzen hervorgehendes Zeugnis von der warhaften Gegenwart Christi (nicht etwa Seines Wortes, Seines Evangeliums, sondern Seiner Person — denn Er hat nicht gesagt: mein Evangelium wird bei Euch sein bis zum Ende dieser Welt, sondern Ich werde bei Euch sein), und zwar von der warhaften Gegenwart Christi in Seiner Kirche, die nicht ein bloßer Verein von Bekennern und Gläubigen, sondern Seine Ordnung ist zur Erziehung für die Seligkeit und zur Bewahrung derselben. Ohne diese Vorbereitungen wird es nicht möglich sein, die Absolution zum Verständnis der Gemeindeglieder, also auch nicht möglich, die Gemeinde zum geistlichen Gehorsam zu bringen; ohne alles dieses werden wir nur einen gesetzlichen, ja meist wol nur einen weltlich=gesetzlichen (polizeilichen) Gehorsam (z. B. gegen die Person des zeitlichen Hirten) finden, mit dem Niemand selig werden kann. Diesen Gehorsam aber als polizeilichen gänzlich aus dem Kreise des geistlichen Amts wegzuschaffen und den gesetzlichen auf seine untergeordnete Stufe zu reducieren, dagegen den geistlichen Gehorsam wieder aufzurichten, das ist die eigenste Aufgabe des geistlichen Amts und Standes in unserer Zeit. Wollen oder können wir daran nicht mitarbeiten, so sind wir an unserm Teil sehr energische Mithelfer an der großen Zerstörung, welche bevorsteht.

Doch muß noch ein unerläßliches Mittel erwähnt werden, die Absolution wieder zum Verständnis, die Gemeinde wieder zum Glauben an dieselbe zu bringen. Die Gemeinde wird auch an jene Zeugnisse von der Absolution nicht glauben, wenn diese Zeugnisse nicht durch die That bekräftigt werden; sie wird an die Notwendigkeit der Absolution nicht glauben, wenn sie sieht, daß ihr Pfarrer die Absolution zwar stets erteilt, aber niemals selbst empfängt. Wem es deshalb darum zu thun ist, den geistlichen Gehorsam wieder aufzurichten, der Absolution wieder Verständnis und Glauben zu verschaffen, der hat nichts Näheres und Notwendigeres zu thun, als sich für einen Confessionar zu sorgen, welcher ihm vor den Ohren der Gemeinde (nach der hessischen Einrichtung zugleich mit der Gemeinde) die Absolution erteilt, wozu denn nach der jetzigen Einrichtung auch der Empfang des heiligen Abendmals (nicht das Selbstadministrieren) gehört. Die Gemeinde muß es ganz genau erfahren, warum das eine und andere Mal ein anderer Pfarrer kommt und die Beichte hält. Für den, welcher die Notwendigkeit der Absolution bereits erkannt hat, bedarf es freilich dieser Hinweisung nicht, denn dieser wird schon zur Annahme eines Confessionars sich von selbst veranlaßt finden; aber es kommt doch darauf an, auch die Gemeinde so deutlich und bestimt als möglich wißen zu laßen, daß und warum dieß geschehe. In diesem Stück darf der Pfarrer am allerwenigsten sich als Privatperson betrachten.

Zum Schluße unserer Betrachtung der Absolution als der allgemeinsten Voraussetzung der Kirchenzucht muß noch die Bemerkung hinzugefügt werden, welche jedoch der jetzt zu behandelnden Beichte in gleicher Weise gilt wie der Absolution, daß die Absolution gänzlich verkannt wird, wenn man dieselbe samt der Beichte als ein bloßes Integralstück einer andern göttlichen Handlung, des Sacraments des Abendmals, betrachtet, wie das fast überall in der evangelischen, sogar in der katholischen Kirche herschende Ansicht geworden ist. Gilt doch Beichte und Absolution jetzt nur noch als Vorbereitung auf das heilige Abendmal. Freilich soll und muß Beichte und Absolution dem Sacrament des Leibes und Blutes des Herrn vorangehen, weil ohne die Hinwegschaffung der Krankheits=

stoffe die Nahrung des ewigen Lebens, welche uns durch den Leib und das Blut Christi zugeführt wird, keinen Boden findet, keine Wirkung äußern kann; man muß nicht allein seine Sünden vergeben haben wollen, ehe man zum heiligen Abendmal geht, sondern man muß seine Sünden vergeben erhalten haben, wenn man in die vollkommene Lebensgemeinschaft mit Christo an Leib, Seel und Geist treten will. Aber die Absolution ist eine völlig selbständige göttliche Handlung, welche nicht allein, den Vorschriften unserer Kirche gemäß (Art. 12 der A. C.) jederzeit auf Verlangen erteilt werden soll, sondern welche auch, gleich der Spendung des heiligen Abendmals, in regelmäßigen Fristen dem christlichen Volke dargeboten werden, welche einen integrierenden Teil des Cultus bilden muß.

Es muß deshalb im Princip die Gottesdienstordnung der hessischen Kirche, vermöge deren die Absolution sonntäglich soll verkündigt werden, die vollste Anerkennung und Handhabung finden, mag man auch gegen den Stoff derselben (daß die Absolution keine allgemeine ist und derselben kein ausgesprochenes Sündenbekenntnis vorausgeht), so wie gegen die Form (daß die Absolution von der Kanzel anstatt vom Altare verkündigt wird) manche erhebliche Einwendung zu machen haben. (Uebrigens ist an dem Formular der Absolution, wie dasselbe durch die hessische Kirchenordnung vorgeschrieben ist, noch das besonders hervorzuheben, daß durch dasselbe die Absolution in der allerunzweidentigsten Weise als exhibitiv bezeichnet wird).

Zweites Kapitel.
Von der Beichte.

Wir faßen in Gemäßheit unserer Vorbemerkungen hier die Beichte lediglich als Correlat der Absolution, d. h. wo keine Absolution gegeben werden kann, da findet auch in unserm Sinn eine Beichte nicht Statt. Es ist also in unserer Ausführung von zweierlei nicht die Rede: 1) nicht von demjenigen Sündenbekenntnisse, durch welches Vergehungen bekannt werden, mittels deren ein Dritter, sei es ein Einzelner oder die ganze christliche Gemeinde, verletzt (geärgert) worden ist, 2) aber auch nicht von demjenigen Sündenbekenntnisse, welches der Sünder einem andern christlichen Bruder, zu dessen Einsicht, Erfarung und Liebe er ein besonderes Zutrauen hat, als vertrauliche Herzensergießung und Herzenserleichterung ablegt. Ein solches Sündenbekenntnis ist statthaft, zuweilen sogar rätlich, z. B. bei denen, welche plötzlich aus weltlicher Sicherheit in heftige Bußkämpfe hineingerißen werden; diese Personen lernen an andern Personen, welche Gleiches oder Aehnliches durchlebt haben, sich zurecht finden, was bei erregten neophytischen Naturen oft schwierig ist und sich langsam vollzieht; rätlich kann es auch in unsern gegenwärtigen Zuständen sein, wenn ein Pfarrer sich auf Privatbeichte überhaupt nicht einlaßen will oder nichts davon versteht, oder wenigstens keine Gaben zur Gewißensberatung besitzt und dgl. Nur ist ein solches Sündenbekenntnis, als auf individuellen Verhältnissen beruhend, schlechthin eine Sache der christlichen Freiheit, und gehört nicht in die Ordnung der Kirche, d. h. in diejenige Ordnung, welche das Seligkeitsgut mit vollkommener Gleichheit und vollkommener Gewißheit allen Jetztlebenden zu Teil werden läßt und es mit gleich unwandelbarer Sicherheit auch den nachkommenden Geschlechtern überliefert. Allerdings ist dieses

Sündenbekenntnis im Anfange der Reformationszeit, und zwar von Luther selbst, mit demjenigen Sündenbekenntnis, welches Vorbedingung der Absolution ist, verwechselt werden (wogegen Melanchthon schon in der 1. Ausgabe seiner Loci das Verhältnis klarer und schärfer faßte; Luther wurde erst durch die Carlstadtische Abschaffung der Beichte auf die Unterschiede aufmerksam gemacht), und selbst die Marburger Artikel enthalten noch das Sündenbekenntnis vor dem christlichen Bruder als Surrogat der Beichte; in der A. C. ist jedoch, wie auch in der lutherischen Kirche überhaupt, diese Art von Sündenbekenntnis als Kirchenregel oder auch nur als ein kirchliches Institut menschlicher Ordnung, gänzlich beseitigt und dafür die der Absolution als Correlat gegenüberstehende Beichte allein festgehalten worden.

Gemeinsam aber ist diesen beiden Formen des Sündenbekenntnisses und der eigentlichen Beichte das Aussprechen der Sünde, durch welches einerseits „das Herz erleichtert", andererseits die Vergebung so bei den Menschen wie bei Gott bedingt wird. Dieses Aussprechen der Sünde, durch welches die „Herzenserleichterung" herbeigeführt wird, muß im Allgemeinen als ein notwendiges Bedingnis der Sündenvergebung betrachtet werden, und die „Herzenserleichterung", welche aus diesem Aussprechen resultiert, ist nichts weniger als eine Einbildung oder eine s. g. Gefühlssache, eine weichliche Sentimentalität, welche es nicht verstünde, „an sich zu halten". [Es kann allerdings in dem Sündenbekennen etwas Läppisches und Albernes liegen, wenn Neophyten weichlicher Natur, welche eben die ersten terrores incussi fühlen und noch mit der λύπη τοῦ κόσμου im Kampfe liegen, Jedermann zum Vertrauten ihrer verborgenen Herzenszustände und Sünden machen, aber es ist das eben noch ein Zeichen, daß die weltliche Reue noch vorwaltet, der Tod als der Sünden Sold noch nicht gekostet, noch keine μετάνοια ἀμεταμέλητος vorhanden ist]. Vielmehr gehört das Aussprechen der Sünde, das Nennen der Sünde, mit zu einer wirklichen Erkenntnis der Sünde, welche ohne daß ihr Name genannt ist, geradezu als noch nicht vollständig erkannt bezeichnet werden muß, denn jede Erkenntnis, sie sei welche sie wolle, besteht wesentlich in der Namengebung; das Organ der Erkenntnis, das Sprachvermögen, muß auch bei dieser Erkenntnis mit in

Thätigkeit gesetzt werden; auch diese Erkenntnis ist, wie überhaupt keine Erkenntnis auf dem Gebiete des göttlichen Lebens, keine rein innerliche, "geistige" Erkenntnis, sie soll auch eine leibliche Erkenntnis sein. Wer sich noch scheut, seine Sünden beim Namen zu nennen, der will noch irgendwie die Sünden verbergen, beschönigen oder entschuldigen und vor allem scheuet er die Schande der Sünde, mithin auch den vollen S ch m e r z der Sünde, ohne welchen gar keine Erkenntnis der Sünde denkbar ist. Das Bekennen der Sünden mittels des Aussprechens ist der erste Schritt aus der Traurigkeit der Welt heraus, der erste Schritt zur wirklichen Buße, und somit der erste Schritt zur Sündenvergebung, also in der That eine wesentliche Herzenserleichterung. Das erfährt jeder, der einmal den Schmerz der Sünde erfahren hat, schon daran, daß, so wie er selbst nur v o r sich hin (wol verstanden freilich: im Gespräche mit Gott) den Namen der Sünde laut auszusprechen über sich gewonnen hat, eine wesentliche Erleichterung seines Zustandes eingetreten ist, das Nennen der Sünde ist allerdings die $\alpha\chi\mu\eta$ des Schmerzes, aber damit ist denn auch der Gipfel nicht allein erstiegen, sondern überstiegen. Deshalb ist die Darstellung des Psalms (32, 3—6), die man gern für "bloß alttestamentlich" erklärt, mit großem Nachdruck als eine u n i v e r s e l l e zu bezeichnen (vgl. auch 1 Joh. 1, 9); diejenigen, welche alles, Sündenerkenntnis, Sündenbekenntnis, Sündenvergebung, stumm abgemacht wißen wollen, kennen nicht einmal den natürlichen Menschen, wißen aber von der Sünde vollends gar nichts. Ist doch das Aussprechen des natürlichen Leids gegen einen Andern für den Leidenden eine Erleichterung in der Weise, daß der Andere "nunmehr das Leiden mit trägt", und so sollte schon diese alltägliche Erfarung daran erinnern, daß durch das Aussprechen der Sünde der Andere zum Mitträger der Sünde gemacht werde, ohne Einbildung, ohne Metapher und Phrase. Dieses Mittragen der Sünde geschieht schon von dem christlichen Nächsten, welcher des Andern Sünde als die eigene empfindet, im eigentlichen Sinn aber freilich nur von dem, welcher stark und barmherzig genug ist, die Sünden der Welt auf sich zu nehmen. Er kann sie aber nicht auf sich nehmen d. h. vergeben, ohne daß sie auf Ihn gelegt, d. h. daß sie Ihm bekannt werden.

Ist so die Beichte das unerlaßliche Correlat der Absolution, in

welcher wir die persönliche Zueignung der Sündenvergebung im
Namen Christi, durch den lebendig und warhaft gegenwärtigen
Christus erkannt haben, so versteht es sich leicht von selbst, daß
die Beichte der Absolution entsprechen, d. h. daß dieselbe, wie die
Absolution eine dieser bestimten Person zugeeignete Sündenvergebung,
so auch ein persönliches, individuelles Sündenbekenntniß sein müße.
Die ursprüngliche und naturgemäße Form der Beichte ist die Ein=
zelbeichte, Privatbeichte.

Diese Privatbeichte, welcher die Privatabsolution entspricht, ist
denn auch im 11. Artikel der A. C. mit großer Bestimtheit festge=
halten worden, und diejenigen Kirchentheile, welche sich zur A. C.
und Apologie bekennen, dürfen, wenn sie sich nicht selbst untreu
werden und widersprechen wollen, von der Privatbeichte nicht ab=
gehen; wo sie aber in Abgang gekommen ist, muß ernstlich darauf
Bedacht genommen werden, sie wieder herzustellen. Wie dieß ge=
schehen könne, wird den Hauptinhalt unserer dermaligen Darstellung
bilden.

Zuvor jedoch müßen wir, wenn auch im Vorbeigehen, der Ver=
wechselung gedenken, welcher die Privatbeichte unserer Kirche mit der
Ohrenbeichte der katholischen Kirche von Seiten der rohen Un=
wißenheit und der hämischen Bosheit seit langer Zeit ausgesetzt ge=
wesen ist, und die noch bis auf diesen Tag, jetzt freilich nur aus
absichtlicher Verkehrung der Warheit, von den Feinden der Kirche
mit derselben vorgenommen wird. Die katholische Kirche weiß nichts
von einem Angenommenwerden der ganzen Person des Sünders
durch Christum, sondern nur von einem Angenommenwerden einzel=
ner Handlungen; folglich muß sie auch lehren und fordern, daß
alle einzelnen Sündenhandlungen bekannt werden, damit dieselben
als einzelne Handlungen vergeben werden können. Ein Bekenntniß,
daß man mit allem was man hat und thut, mit allen Richtungen
und Gedanken, Empfindungen und Regungen des Ich ein Sünder
und Gottes Zorngericht verfallen sei, ist der katholischen Kirche fremd,
weil sie die Concupiscenz nicht als Sünde erkennen will. Dieß letztere
aber ist eben die unerläßliche Forderung der evangelischen Kirche,
so daß dieselbe unter der Voraussetzung, daß dieses Bekennt=
nis aus vollem Herzen abgelegt werde, von der Aufzälung
einzelner Sünden Abstand nimmt.

Vilmar, von der christl. Kirchenzucht. 3

Der präparatorische Judicialact des katholischen und des evangelischen Beichtigers ist mithin principiell verschieden. Der katholische Beichtiger hat darnach zu forschen, ob nicht noch einzelne Actual-Sünden vorhanden seien, deren sich der Beichtende zwar recht wol erinnert, die er jedoch nicht namhaft macht; die Aufgabe des evangelischen Beichtigers ist umgekehrt die, zu ermitteln, ob der ganze Lebenszustand des Beichtenden von demselben in voller Aufrichtigkeit als ein durch und durch sündlicher erkannt und nicht etwa von demselben Ausnahmen statuiert werden, wie z. B. mittels der üblichen, geradezu katholischen und schlechthin antievangelischen Reservation: „Fehler lasten auf Allen, Sünden auf den Meisten". Es kann deshalb zugestanden, ja es muß um die Ehre unserer Kirche als der wirklich gründlich und rein christlichen Kirche zu wahren, behauptet werden, daß die evangelische Beichte schwerer sei als die katholische, indem zu einer rechten Beichte der evangelischen Kirche ein gänzliches Eingetauchtsein in die Sünde als Beichtbekenntnis schlechterdings erfordert wird. Aber sie ist nicht gewißenbelastend und gewißenverwirrend, wie die katholische Beichte es ihrer Grundlage nach ist (oder wenn sie dieselbe verläßt, wird sie lax und kindisch), denn wenn die einzelnen Sünden aus der Erinnerung müssen heraufbeschworen werden, um vergeben werden zu können, so ist die Beichte eigentlich ein Act der Memoria, folglich die Sündenvergebung an die Stärke oder Schwäche der Gedächtniskraft gebunden, und der Trost der Sündenvergebung kann niemals vollständig empfunden werden, weil Niemand der Stärke seines Gedächtnisses in jedem Augenblicke sicher ist.

Eben so wie die katholische Beichte für den evangelisch Beichtenden schwerer ist, so ist auch der präparatorische Judicialact für den evangelischen Beichtiger schwieriger als für den katholischen Beichtiger. Im Allgemeinen muß der evangelische Beichtiger es seine Aufgabe sein laßen

1) die üblichen (auch für die speciellste Behandlung ganz berechtigten) Unterschiede der Sünden (Schwachheitssünden, s. g. Fehler u. dgl.) in dem Bewußtsein des die Sündenvergebung Suchenden wegfallen zu laßen;

2) alle und jede Entschuldigung aus der Seele des Beichtenden zu verbannen;

3) die Concupiscenz in ihr rechtes, der Schrift und dem evange‑ lischen Kirchenglauben entsprechendes Licht zu setzen, bzw. zu ermitteln, ob der Beichtende so viel Erleuchtung erworben habe, um das gesamte natürliche Leben des Menschen als von Gott abgewendet und von Gott sich mit jedem Schritte weiter entfernend, mithin zur Vernichtung der sündigenden Personen notwendig hinführend, zu erkennen;

4) zu ermitteln, ob der Glaube nicht bloß an die Lehren Christi, sondern an Seine Person als Sündentilger vorhanden sei. Ohne das Vermögen, diesen Kernpunkt des evangelischen Glaubenslebens, die Rechtfertigung durch den Glauben allein, in das vollste Licht setzen und die Anerkennung desselben (auch in der einfachsten und noch so sehr untheologisch formulierten Gestalt) bei dem Beichtenden erkennen und von Irrtümern und Heucheleien unterscheiden zu können, darf kein Pfarrer es wagen, als Beichtiger in der Privatbeichte auftreten zu wollen.

Schon aus diesen Aufgaben als solchen ergibt sich die mit vielen ungenügenden Gründen verteidigte und mit allen Waffen des Un‑ glaubens fortwährend bestrittene Notwendigkeit der evangelischen Privatbeichte. Die eben erwähnten allgemeinen Punkte können durch die Predigt, die Katechisation ꝛc. nicht ausnahmslos bei Allen zum Verständnis durchdringen; es kann das nur geschehen in dem unmittelbaren Einzelverkehr des Pfarrers mit den Gemeindegliedern, und zwar durch einen solchen Einzelverkehr, welcher Bedingung des Verbleibens des Gemeindegliedes im Kirchenverbande ist. Ob aber ein solches Verständnis bei dem Einzelnen der Kirchen‑ gemeinschaft vorhanden sei, ist dem evangelischen Pfarrer völlig unentbehrlich zu wißen; daß es erreicht werde, völlig unerläßlich zu betreiben, weil die evangelische Kirche nicht auf Gehorsam der Kirchen=Glieder, sondern auf Glaubenserfahrung derselben zu sehen und hinzuwirken hat. Dabei versteht es sich von selbst, daß bei den Personen, welche jene Grundelemente der evangelischen Buße bereits kennen (aus der Predigt, besonderer Erfarung, öfteren Beichte u. dgl. gelernt haben) nicht jedesmal eine solche Explo‑ ration Statt zu finden brauche, ja Statt finden dürfe (wie das auch

Luther so energisch anerkannt hat); es wird das hier nur um der Böswilligen willen erwähnt, da es sich für die allergewöhnlichste Pastoralklugheit ganz von selbst ergibt.

Aber auch außerdem ist die Notwendigkeit der Privatbeichte leicht darzuthun, freilich nur für diejenigen, welche die pädagogische Aufgabe der Kirche begreifen. Die Kirche hat nächst der Verpflichtung, die Vocation zu betreiben, auch die Aufgabe, die Erweckung, Erleuchtung und Bekehrung zu bewirken; sie hat nicht lauter gereifte, unter sich vollkommen gleiche Glieder, sondern eine sehr reichliche Abstufung derselben von großer Verschiedenheit allgemach zu erziehen (aus den Berufenen Erweckte, aus den Erweckten Erleuchtete 2c. zu machen), und die Bekehrten zu bewahren, in ihrem Kampfe der Heiligung zu unterstützen. Dieser Aufgabe kann in keiner Weise anders vollständig genügt werden als durch die Privatbeichte, und zwar ist hier auch je nach Maßgabe der Verhältnisse zwar keine Exploration, aber der Vorhalt bzw. die Besprechung der Sünden im Einzelnen ganz am Orte. Die Unerfahrenen müssen durch Eingehen auf die Verhältnisse des sündlichen Weltlebens, auf die Versuchungen, Neigungen 2c. erleuchtet und vor sicherm Hinleben (namentlich vor unwürdigem Genuße des heiligen Abendmals) gewarnt, die Erfahrenen befestigt, die im Kampfe Begriffenen gestärkt werden. Hier findet sich denn auch, und zwar je weiter das christliche Leben in der Gemeinde fortschreitet, desto mehr, die Veranlaßung bei den Beichtenden, ihre besondern Erfahrungen (z. B. die Rückfälle) zur Sprache zu bringen, Sünden, welche besonders drücken, oder äußerlich gut gemacht werden können, zu bekennen. Der Pfarrer wird nur auf diesem Wege der Privatbeichte vollkommen in den Stand gesetzt, in der Mitte seiner Gemeinde mit derselben und für dieselbe mit dem Versucher zu kämpfen, wider den Teufel zu streiten.

Von dem allen aber abgesehen, ergibt sich die Notwendigkeit der Privatbeichte aus dem Wesen der Absolution, welche eine specielle, individuelle Zueignung der Sündenvergebung ist; ist sie dieß, so muß ein individuelles Bekenntnis der Sünden vorausgehen.

Die Privatbeichte ist von diesen Gesichtspunkten aus in der lutherischen Kirche bis in die neuere Zeit hinein mit Recht als ein Integralstück der Kirche und unerläßliche Voraussetzung der

Kirchenzucht angesehen werden. Der Letztern fehlt alle und jede Basis, wenn der Pfarrer nicht den Herzenszustand der Gemeindeglieder kennt, ja es fehlt sogar an der rechten und vollen Gebetsgemeinschaft zwischen dem Pfarrer und den Gemeindegliedern. Ein Fragment der Privatbeichte hat sich auch noch in der hessischen Kirchenordnung erhalten, indem nach der gemeinen Beichte und Absolution diejenigen, welche zum heiligen Abendmal gehen wollen und „ein sonderbares Anliegen hätten, darvon sie sich mit ihrem Seelsorger gerne besprechen wollten" (S. 10), aufgefordert werden, sich bei dem Pfarrer zu melden, „denen soll dasselbe ohnverwehret sein". Es ist dieß, weil die Absolution bereits im Allgemeinen erteilt ist, eigentlich keine Privatbeichte, sondern nur eine Cautel für diejenigen, welche besorgen, unwürdig zum heiligen Abendmal zu gehen. In den letzten 30 Jahren ist selbst hiervon nur sehr selten oder gar nicht mehr Gebrauch gemacht worden, wo es aber (bis in die zwanziger Jahre hinein) an einzelnen Orten selbst im s. g. reformierten Hessen geschah, da trug dennoch dieß Verlangen, und, wenn Pfarrer fungierten, welche noch von kirchlichem Bewußtsein einen Rest gerettet hatten, auch die Befriedigung desselben den Charakter der Privatbeichte. Die zu dieser besondern Besprechung sich Anmeldenden bezogen nämlich die allgemeine Absolution nicht direct auf sich, sondern verlangten für ihre Person mit ihrem Bekenntnis angehört zu werden und die Sündenvergebung für ihre Person ausgesprochen zu erhalten. (Die Einrichtung, daß der Pfarrer diejenigen, bei welchen er etwas zu erinnern findet, warten heißen und dann mit ihnen reden soll, wenn der Act der Absolution und Retention vorüber ist, zeigt allerdings, daß man die Absolution eigentlich nicht auf diese Erinnerungsbedürftigen bezogen wißen wollte.) Ja es kam vor, daß dieselben noch mit der alten Formel auftraten: „Würdiger lieber Herr" 2c., worauf dann die Absolution (ohne Retention) mit den Worten der Kirchenordnung gesprochen zu werden pflegte. Da galt es zuweilen, die Kräftigkeit und Gültigkeit der allgemeinen Beichte und Absolution, welche von diesen Privatbeichtenden für ihre Person in Abrede gestellt wurde, der begehrten Privatbeichte gegenüber zu verteidigen, wenn sie keine besondern Sünden zu bekennen hatten oder bekennen wollten, sondern sich nur mit der allgemeinen Beichtformel begnügten, — was oft nichts weniger als leicht war.

Es entsteht nun die Frage: ist es möglich, die Privatbeichte da, wo sie in Abgang gekommen ist, wiederherzustellen, und wenn es möglich ist, wie ist es möglich?

Im Allgemeinen kann die Möglichkeit dieser Wiederherstellung nicht in Abrede gestellt werden, sonst müste die Möglichkeit der Geltung der A. C. und Apologie mit in Abrede gestellt werden, was eine für den Bestand der Kirche beleidigende und jedenfalls höchst gefährliche Annahme sein würde. Daß die Privatbeichte selbst nach Maßgabe der in Niederhessen geltenden Kirchenordnung von 1657 Statt haben könne, hat die eben erwähnte Praxis gezeigt.

Weiter aber muß eben so im Allgemeinen sehr ernstlich geltend gemacht werden, daß diese Wiedereinführung nur da statt haben könne, wo Privatbeichte und Privatabsolution verlangt werden. Befehlen läßt sich etwas der Art nun und nimmermehr, oder die Kirche wird zum Polizeiinstitut. Dieses Verlangen geht einzig und allein hervor aus der wiedergewonnenen Einsicht der Gemeindeglieder, erst der Einzelnen, dann der größern Masse in die Realität und Notwendigkeit der exhibitiven Absolution. Ist aber diese gewonnen, so ist die Privatbeichte auch die gewisse unzweifelhafte und ganz nahe sich andrängende Consequenz dieser wiedergewonnenen Einsicht. Thöricht wäre es deßhalb von den Kirchenbehörden, durch allgemeine Vorschriften die Privatbeichte da wo sie in Abgang gekommen wieder einführen zu wollen, nicht minder thöricht auch von den Pfarrern, mit der Forderung der Privatbeichte von vorn herein aufzutreten, ehe noch die vorher bei der Lehre von der Absolution aufgestellten Bedingungen erfüllt sind. Daß aber der einzelne Pfarrer da, wo sich das Verlangen nach Privatbeichte und Privatabsolution zeigt, berechtigt und verpflichtet sei, auf dieses Verlangen einzugehen, auch da, wo rings umher kein Anfang dazu sich vorhanden zeigt, kann keinem Zweifel unterliegen. Es ist üblich geworden, solche Wiedererweckungen unserer durch die Grundbekenntnisse und die Kirchenordnung geforderten, so wie durch die auf Beide gegründeten Praxis gerechtfertigten kirchlichen Institute als Neuerungen zu bezeichnen. Gegen diese, die Kirche zerstörende Bezeichnung muß der allerentschiedenste Protest eingelegt werden.

Ist dann die Praxis der Privatbeichte wieder in Uebung getreten, dann läßt sich allerdings auch eine bestimtere Forderung für die noch gegen diese Praxis (Gleichgültigen oder Widerstrebenden aufstellen, und auch eine formelle Wiedereinführung bewerkstelligen. Aber eine Diöcesanbehörde darf zu letzterer doch nicht eher schreiten, als bis die Sache in einer verhältnismäßig großen Anzahl (wenigstens der Hälfte) ihrer Parochieen Gewöhnung geworden ist. Dringend ist abzuraten, von den für die Privatbeichte etwa erreichten Erfolgen in der literarischen Welt, selbst durch die noch so gut gesinnten Blätter, Notiz zu geben. Der literarische Markt ist ein für die kirchliche Praxis gänzlich ungeeignetes Local; wer von den Leuten will gesehen werden, hat seinen Lohn dahin.

Ein etwas verschiedener Weg von dem, welcher so eben bezeichnet worden ist, ist der, geradezu mit den Confirmanden vor dem ersten Abendmalsgenuß die Wiedereinführung der Privatbeichte zu beginnen, und es ist dieser Weg in der neuesten Zeit öfter betreten worden. Hier tritt die Privatbeichte als wiedereingeführte Zucht auf, an welche die Gemeinde sich nach und nach gewöhnen, durch welche nach und nach das Verlangen, sich an der Privatbeichte zu beteiligen, in der Gemeinde erweckt werden soll. Dieser Weg ist nicht zu tadeln, vorausgesetzt, daß an den Confirmanden wirkliche Früchte der Privatbeichte hervortreten — sonst kann derselbe zu dem gerade entgegengesetzten Ziele führen, und es ist dieser Weg übrigens ein sehr leichter, weil ein gewißenhafter Confirmator auch ohne daß er die Absicht gehabt hätte die Privatbeichte wieder einzuführen, mit den einzelnen Confirmanden vor der Confirmation ohne Zweifel bisher schon eine Gewißensbesprechung wird gehalten haben. Nur darf doch auch mit den Confirmanden nicht von vorn herein in der Weise zuchtmäßig verfaren werden, daß die Vernachläßigung der Privatbeichte künftig an ihnen ohne allen Unterschied solle kirchlich geahndet werden. Auch hier muß darauf bestanden werden, daß erst die Notwendigkeit der exhibitiven Absolution müße begriffen, und daß, ehe kirchliche Zuchtmittel gegen irgend welche, die Privatbeichte vernachläßigende Gemeindeglieder, seien dieselben auch die in den letzten Jahren Confirmierten, ergriffen werden dürfen, eine Gewöhnung der Gemeinde im Ganzen an die Privatbeichte eingetreten sein müße. (In Hessen würde übrigens dieser

Weg, freilich zur Zeit nur aus rein äußerlichen Gründen, nicht sonderlich empfohlen werden können).

Aber es gehören zu der Wiedereinführung der Privatbeichte außer dieser ersten allgemeinen und unbedingten Voraussetzung noch zwei andere äußerst wichtige besondere Voraussetzungen. Die erste derselben ist die Wiederherstellung des Beichtsiegels in seiner vollsten Strenge. Von der Bewahrung des Beichtsiegels, vielmehr von dem Bewußtsein, daß es ein Beichtsiegel gebe, war die zalreiche Coherte von rationalistischen Pfarrern, welche sich lediglich als Staatsdiener betrachteten, und die man mit vollem Recht als „Polizeibeamte in schwarzer Uniform" bezeichnete, gänzlich abgekommen, und die fast überall befohlene (in Hessen im Widerspruch mit der Presbyterial=ordnung vom 1. Februar 1657 befohlene) Führung von s. g. Pres=byterialprotokollen brach noch den letzten Rest des Beichtsiegels hin=weg. Es wurde eben alles protokolliert, was zwischen dem Pfar=rer und einem Gemeindeglied verhandelt worden war, so daß sich schlechterdings niemand mehr mit einem Worte des Vertrauens ge=gen den Pfarrer hervorwagte, und die vielen Lügen, welche von geschwängerten Dirnen hinsichtlich ihres Schwängerers zum Verderben ihrer Seelen vorgebracht zu werden pflegen, auf welche hin aber in verderblicher gotteslästerlicher Weise Absolution ertheilt wird, haben ihren Grund in dieser schandbaren Vernichtung des Beicht=siegels. So kam es denn, daß man da, wo man den kirchlichen Verstand vollends verloren hatte, in das entgegengesetzte Extrem übersprang, und die Paternitätsklage gänzlich abschaffte. Diese un=sinnige und beinahe ekelhaft zu nennende Sucht, Alles aufschreiben, Alles protokollieren, „zu den Acten bringen" zu wollen, muß schlech=terdings beseitigt werden, wenn nicht etwa nur Beichtsiegel, Beichte und Absolution wieder hergestellt, sondern wenn nur überhaupt ein erträgliches, natürliches Verhältnis zwischen dem Pfarrer und den Gemeindegliedern ermöglicht werden soll. Wer es weiß, welche tiefe Kluft heut zu Tage zwischen dem Pfarrer und der Gemeinde, zumal der ländlichen, besteht, und daß diese Kluft großenteils darin ihren Grund hat, daß der Pfarrer der Gemeinde als ein Staatsbeamter (ein s. g. „Großer") gegenüber steht, nicht mehr als ihres Gleichen, für sie eintretend, sie vertretend (eben gegen die „Großen" sie vertretend) neben und mitten unter ihnen steht, der weiß auch, daß diese Kluft großenteils durch das amtliche Verhören und amtliche Protokollieren gerißen worden ist und offen erhalten wird, gerißen worden ist und offen erhalten wird durch die unaustilgbare und freilich ganz berechtigte Ueberzeugung, daß der Pfarrer alles was ihm gesagt werde, amtlich d. h. öffentlich geltend machen, daß er es weiter tragen und an allen Orten wieder erzälen, daß er wol gar „Anzeige davon machen" werde.

Nicht wenig hat aber zur Zerstörung des Beichtsiegels beigetragen und trägt noch bei, wenn auch nur in einzelnen Fällen wenigstens in weit beschränkteren Kreißen, eine pietistische Unsitte. Der spätere und moderne Pietismus kennt eigentlich keine Herzens- und Lebenserfarungen, welche nicht auch auf die Lippen treten müßten; ihm ist es Bedürfnis, ja für ihn ist es Princip, alles in christlichen Lebenskreißen Erlebte, Erfarene und Gehörte an Gleichgesinnte mitzuteilen und mit denselben zu besprechen, für ihn gibt es eben keine Herzens- und Lebensgeheimnisse, weder hinsichtlich des eigenen noch des fremden Herzens und Lebens. Dieser Richtung, welche eben so nahe an Rohheit wie an Albernheit grenzt, und beßern Falles die Zustände des ewigen Lebens mit ungeschickter Hand in dieses zeitliche Leben hineintragen möchte, verfallen leicht neuerweckte Pfarrer, und verderben durch dieselbe nicht allein sich das Vertrauen ihrer Gemeinde, oft unwiederherstellbar, sondern sie verderben auch sich selbst. Es ist dieß eine der gefährlichsten Versuchungen der Augenlust, durch welche, wenn sie nicht besiegt wird, der beste, herzlichste Glaube zuletzt in Geschwätz, Phrase und Lüge aufgelöst wird.

Diesen schweren Verirrungen gegenüber muß das Beichtsiegel wiederhergestellt werden, in vollster Strenge, nach welcher das Stummsein wie das Grab im allereigentlichsten Verstande Regel für den Beichtiger und sein unverbrüchliches Gesetz ist. Nicht nur, daß er von dem ihm Vertrauten in keiner Weise aus eigenem Antriebe amtlich-öffentlichen Gebrauch macht, sondern er darf sich auch durch keine Lockungen und keine weltlichen Gewaltmaßregeln ein Wort der Beichte entreißen laßen. Die ersteren liegen für den evangelischen Pfarrer — was hier nicht verschwiegen werden darf — hauptsächlich in den ehelichen Verhältnissen, und sind denjenigen Ehefrauen gegenüber, welche jung und unerfahren, oder unbekehrt und folglich neugierig, oder herschsüchtig und eifersüchtig sind, äußerst schwer zu überwinden. Hier muß der evangelische

Pfarrer sich zeitig auf den allerfestesten Fuß setzen, und zwar geschieht dieß am zweckmäßigsten im Brautstande. (Leider sind in diesem Punkte Aerzte und deren Frauen weit verständiger und einsichtsvoller als viele Pfarrer und deren Frauen — freilich weil Jene nur zu gut wißen, daß Reputation und Existenz des Arztes durch Mitteilungen über seine Praxis rettungslos verloren gehen. Es muß auch hier die alte Ordnung wieder lebendig gemacht werden: Verletzung des Beichtsiegels zieht unnachsichtlich Cassation nach sich). Eine andere Art von Lockung liegt für den Pfarrer in dem regen Verkehr der gewöhnlichen Gesellschaftswelt, welchem viele sich nicht entziehen zu dürfen oder zu können meinen. Der Pfarrer, welchem sein Amt überhaupt und insbesondere sein Beichtsiegel lieb ist, begibt sich nicht in einen regelmäßigen geselligen Verkehr mit allerlei Leuten, wo über Alles gesprochen, Alles abgefragt und vor allen Dingen „Neuigkeiten" verlangt und referiert werden. Die politisch-weltlichen Anfechtungen des Beichtsiegels gehen meist von der abgefallenen Juristenwelt aus, welche nicht selten in brutalster Weise den Pfarrer als Auskunftsperson in Untersuchungen vor Gericht geladen, und unter einer Art von Eidesdelation ihm aufgegeben hat, alles was er von irgend einer Person wiße, auszusagen; es hat bei vorkommenden Weigerungsfällen sogar an Strafandrohungen und Strafvollstreckungen nicht gefehlt. Jede Auskunft über Beichtsachen jeder Art muß Seitens des Pfarrers **unbedingt** verweigert und sich vor der lächerlichen brutalen Drohung und Strafe nicht gefürchtet werden. (In [Preußen bzw.] Kurhessen sind wir hiermit beßer daran, als in den meisten andern evangelischen Ländern, indem, wenigstens zur Zeit, das Beichtgeheimnis von den Justizbehörden ausdrücklich anerkannt ist.).

Als Beichtsache gilt alles, was
1) im eigentlichen Beichtstuhl ist verhandelt worden;
2) was ausdrücklich, sei es von Seiten des Pfarrers bei der Aufforderung zum Bekenntnis, sei es von Seiten des Gemeindegliedes, als Gegenstand der Beichte („es solle wie eine Beichte angesehen werden" „es solle das dem Pfarrer und sonst niemand vertraut werden" u. dgl.) bezeichnet wird;
3) alles was in Gefängnissen zwischen dem Pfarrer als Gewißensrat und dem Gefangenen verhandelt wird;

4) was im Zustande der f. g. Verzweiflung, d. h. in großem Gewißenschrecken, sei derselbe zunächst auch nur eine tristitia mundi, vor den Ohren des Pfarrers herausgestoßen wird (wie das in Fällen des Incestes, der Brandstiftung und des Todtschlags [Mordes] nicht ganz selten vorkommt) als unwillkürliches Product der innern Erregung, wenn auch dabei die unter 1—3 erwähnten Voraussetzungen nicht eintreten.

Eben dahin sind auch Aeußerungen zu rechnen, welche in arcticulo mortis, in schweren Krantheitsanfällen und in vorübergehenden Delirien vorkommen.

Gewöhnlich nimt man zwei Ausnahmsfälle von der Regel der Bewahrung des Beichtgeheimnißes an: 1) wenn ausdrücklich erklärt werde, daß dieselbe Mitteilung, welche der Beichtende jetzt dem Pfarrer mache, bereits andern Personen gemacht worden sei oder gemacht werden solle. Die Ausnahme versteht sich zwar scheinbar von selbst, indes ist doch unter der ersten Voraussetzung dem Pfarrer Verschwiegenheit dringend anzuraten, unter der zweiten Voraussetzung Verschwiegenheit von ihm wenigstens so lange unbedingt zu fordern, bis jene in Aussicht gestellte Mitteilung an andere Personen gemacht sein werde. 2) Wenn ein beabsichtigtes Verbrechen so bekannt worden, daß das Fortbestehen der Absicht und die Möglichkeit der Ausführung derselben noch angenommen werden könne (Mord, Hochverrath). Dieser 2. Fall gehört ziemlich zu den Fällen „von der wüsten Insel"; denn beabsichtigte Verbrechen werden wol fast niemals und nirgends gebeichtet als da, wo in rohester Werkgerechtigkeit Vergebung für zukünftige Sünden erteilt oder wenigstens erhofft wird. Käme ja aber wirklich ein solcher „wüster Inselfall" vor, so ist die Entscheidung desselben nach den Grundsätzen der evangelischen Kirche zu geben, daß, da die Beichte nur unter Voraussetzung der Absolution für uns vorhanden (nur Correlat der Absolution) sei, hier aber eine Absolution gar nicht gesucht werden könne, viel weniger erteilt werden dürfe, dieß gar keine Beichte sei (vielmehr eine Verhöhnung derselben), also auch die Regeln des Beichtgeheimnißes hier keine Anwendung leiden. — Wenn dagegen ein in f. g. Gewißenskämpfen (d. h. in schweren Versuchungen) Begriffener ein von ihm möglicher Weise zu begehendes Verbrechen in Aussicht stellt (ein Fall der gar nicht selten vorkommt [„ich schieße meine Frau morgen todt"]) so ist dieß selbstverständlich eine Beichte und steht unter dem Siegel derselben. — Werden begangene Verbrechen in der Beichte bekannt, während dieselben vor der Justizbehörde noch nicht eingestanden sind, so ist das Beichtgeheimniß unter allen Umständen strengstens zu bewahren, aber der Beichtende auch dahin zu vermögen, daß er die Beichte als Eingeständnis vor der Justiz wiederhole.

Eine sehr bedenkliche Relaxation des Beichtsiegels liegt darin, daß man die Gegenstände der Beichte Andern referiert, dabei aber den Namen des Beichtenden verschweigt, wie sich das Viele glauben gestatten zu dürfen. Die Grenzlinie ist hier sehr schwer zu ziehen, mit den Gegenständen der Beichte werden auch Umstände fast notwendig verbunden sein, welche meist nur zu leicht in bekannten Kreißen auf die Person des Beichtenden zurück schließen laßen. In entfernten, mit den Persönlichkeiten unbekannten Kreißen, bei einer beispielsweise vorgenommenen Anführung, läßt sich ein solches Referieren zwar wol entschuldigen — schwerlich jemals vollkommen rechtfertigen. Uebrigens darf sich der Beichtiger die Bewahrung des Beichtgeheimnisses nicht dadurch erschweren, daß er nach Mitschuldigen eines ihm offenbarten Vergehens unnötiger Weise forscht. In der katholischen Kirche ist dieses Forschen sogar unbedingt verboten.

Daß die Kirchenbehörde in einzelnen Fällen die Auflösung des Beichtsiegels gestatten könne, läßt sich, da das Beichtsiegel nur eine Voraussetzung zu rechter Behandlung der Absolution ist, freilich in abstracto behaupten — das Beichtsiegel ist ja allerdings kein Seligkeitsstück —; aber wenn die Kirchenbehörde ihren Beruf nur notdürftig erkennt, wird sie es niemals thun. Befehlen aber darf sie die Auflösung des Beichtsiegels nimmermehr, und wenn eine Behörde sich so weit vergäße, daß sie einen solchen Befehl gäbe, so muß demselben der Gehorsam versagt werden.

Durch den Tod des Beichtenden wird in der Regel das Beichtsiegel nicht gelöst.

Allezeit muß dem Beichtiger lebendig vor Augen stehen, daß die Beichte nicht ihm, dem schwachen sündigen Menschen, sondern Gott abgelegt wird.

Wir dürfen uns nicht verhehlen, daß es nicht leicht, ja daß es hin und wieder äußerst schwer sein wird, die Ueberzeugung von dem

Vorhandensein des Beichtsiegels wieder zu erwecken und das Mistrauen der gläubigen und getreuen Gemeindeglieder gegen uns gänzlich zu beseitigen. Es gehört hierzu eine längere Erfarung, welche die Gemeinden an dem geistlichen Amt und den Personen desselben gemacht haben, und zwar eine solche Erfahrung, welche durch Proben bekräftigt ist (anders gewinnt namentlich der Bauer sicherlich kein Zutrauen); die besten Proben würden die sein, auf welche wir durch die weltliche Gewalt gestellt würden, so daß wir uns ein paar Brutalitäten der Justiz und Administration gar gern gefallen laßen könnten. Ehe und bevor aber dieses Vertrauen wiederhergestellt, das Beichtsiegel als vorhanden wieder anerkannt ist, muß es gar sehr widerraten werden, mit Aufforderungen zur Privatbeichte hervorzutreten; damit könnte man gar leicht das Uebel ärger machen.

Die zweite Voraussetzung zur Wiedereinführung der Privatbeichte ist die Befähigung der Pfarrer. Diese ist eine doppelte. Einmal nämlich die Fähigkeit, die Sünde nicht allein, sondern auch die Sünden in ihrem Ursprung und Wesen zu erkennen, und sodann die, auf Individualitäten und besondre Weltzustände eindringlich und mit eben so tiefem als nüchternem Verständnis einzugehen. Beide Voraussetzungen sind zwar unerläßliche Requisite für den Pfarrer als solchen, sei derselbe katholisch oder evangelisch, wenn auch allezeit in höherem Grade erforderlich für den evangelischen als für den katholischen Pfarrer, indes mit der allerschärfsten Betonung müßen diese Requisite mit Rücksicht auf die Privatseelsorge im Allgemeinen und ganz besonders auf die Privatbeichte hervorgehoben werden. Und doch hat es an beiden Requisiten lange Zeit in nur allzu großer Ausdehnung gefehlt und fehlt noch immer an gar manchen Stellen daran.

Was das erste dieser beiden Requisite betrifft, die Fähigkeit, die Sünden in ihrem Ursprung aus der Sünde und in ihrem Wesen zu erkennen, so trägt die klägliche und fast jämmerlich zu nennende Gestalt, in welcher die Disciplin der theologischen Moral seit den Zeiten der Wolfischen Philosophie bis auf den heutigen Tag gelehrt zu werden pflegt, einen großen Theil der Schuld an dem Mangel dieses Requisites, und kann den Pfarrer nur zum geringen Theil zur Rechnung gesetzt werden. Diese Disciplin hat sich länger als

100 Jahre fast durchaus, und seit vollen 70 Jahren ohne Ausnahme in lauter Allgemeinheiten und oberflächlichen Abstractionen bewegt, und sogar die Lehre von den Sünden auf das Schmählichste vernachläßigt — in den beßern Zeiten, während des alten Rationalismus, bestand die Lehre von den Sünden in einem Complex von trockenen Verstandesregeln (meist craß eudämonistischer Art), welche in einem Abschnitt der „speciellen Moral" untergebracht wurden; die neuere und neuste Moral, hierin durchweg rationalistisch, hat die Lehre von den Sünden ganz beseitigt. Man lacht und schilt abwechselnd und in die Wette über die alten Beichtbücher, Conscienzbücher, Pönitenzbücher, und allerdings sind dieselben wegen ihrer pedantischen Ausführlichkeit und kindischen Detailliertheit lächerlich, wegen ihrer Genauigkeit in der Schilderung einzelner sündlicher Zustände zuweilen geradezu abscheulich; aber weit ragen sie hervor vor unserer modernen theologischen Moral durch die Anweisung, wie jeder einzelnen Sünde bis auf den tiefsten faulen Grund nachgegangen werden könne und müße; durch den Ernst, mit welchem in jeder Sünde der Abfall von Gott signalisiert, und durch die Vollständigkeit, mit welcher das ganze Gebiet des menschlichen Lebens als ein überall und durchhin sündliches, durchmeßen wird. — Die Sünde in ihren vielfachen Formen wird zwar erst vollständig im wirklichen Leben durch die allmählich wachsende Erfarung erkannt, aber das kann doch von der theoretischen Unterweisung des Katheders gefordert werden, daß wenigstens der Weg zu dieser Erfarung gezeigt und nicht der junge Seelsorger jedem christlich erfahrenen Bauer gegenüber lächerlich gemacht werde. Uebrigens kann nicht genug empfohlen werden, die Lehre von den Sünden emsig und accurat nach der Schrift, und zwar Alten sowol als Neuen Testaments, fortwährend zu studieren.

Das andere Requisit, die Fähigkeit der Pfarrer, auf Individualitäten und besondere Weltzustände mit Verständnis einzugehen, hat ebenwol gar lange Zeit den Pfarrern gefehlt. Es gehört die Fähigkeit, die Individualitäten innerlich zu verstehen und den Weltzuständen ihre Signatur abzuziehen, freilich zu den Charismen (διάκρισις πνευμάτων, σοφία, γνῶσις), aber ohne solche Charismen sollte auch niemand zum Pfarramt kommen; schlummern aber diese Charismen, so müßen sie angefacht, wieder erweckt (ἀναζωπυρεῖν) werden.

Hier hat der Rationalismus ganz besonders verwüstend gewirkt, und konnte nicht anders, denn der Rationalismus ist der wesentlichste Ausdruck der Ungeschiedheit — er hält alle Menschen im Grunde für einander gleich, alle Zustände in der Welt aber für gemacht, also auch für bestimt, gemacht zu werden, Unterscheidungen sind ihm fremd, dem alten wie dem allerneusten Rationalismus. Wie nötig aber ist es für die Privatseelsorge und zumal für die Privatbeichte, z. B. die nicht allein bei einzelnen Personen oder bei dem weiblichen Geschlecht, sondern in ganzen weit ausgedehnten Menschenschichten sich findende Scheu, sich auszusprechen sorgfältig zu schonen, und das Nichtausgesprochene dennoch richtig zu erraten und zu deuten. Wie nötig ist es, dichterisch erregte Naturen von christlich erregten, dialektisch verständigte Naturen von christlich erleuchteten auf den ersten Blick zu unterscheiden (man glaube ja nicht, daß diese Unterschiede etwa nur in den höhern Ständen vorkämen!) und so in vielen hundert, ja in vielleicht mehr als tausend ähnlichen Fällen. In unsern Zeiten kommt noch besonders in Anschlag, daß unsere Seelenzustände bei weitem nicht mehr so einfach sind, wie sie es noch vor 100 Jahren waren, und daß eine besondere Seelenfeinheit d. h. ein besonders geübtes Charisma $\gamma\nu\omega\sigma\epsilon\omega\varsigma$ $\kappa\alpha i$ $\delta\iota\alpha\kappa\rho\iota\sigma\epsilon\omega\varsigma$ $\pi\nu\epsilon\upsilon\mu\alpha\tau\omega\nu$, dazu gehört, diese in so viel zalreichere und viel feinere Falten zusammengefalteten Seelen der Neuzeit zu verstehen und zu durchschauen; es gilt das von den mit so mancherlei Literaturerzeugnissen, anstatt mit den Erfarungen des wirklichen Lebens, von früher Jugend auf genährten Seelen in ganz besonders hohem Grade. Den Weltzuständen aber, welche von den Pfarrern auch begriffen und verstanden sein müßen, wenn in der Privatbeichte etwas gewirkt werden soll, haben die Pfarrer lange Zeit allzu fern gestanden; sie haben im Winkel, behaglich genug, als homines umbratici, gesessen, und die Welt seit den letzten 50 Jahren fast nur durch die Zeitungen kennen gelernt, was das allerschlechteste Vehikel war, durch welches ein Pfarrer die Welt kennen lernen konnte. (So kam es denn, daß ganz christlich angeregte Pfarrer sich nicht darein zu finden wußten, daß ganz einfache Bauern, sogar Handwerker, den Zuständen von 1848 ihre innere Hohlheit weit schneller und richtiger abfühlen sollten, als sie selbst). Wer z. B. nicht klar darüber ist, daß jeder Besitz (Grundbesitz) zugleich ein Amt ist, daß die Veränderlichkeit des Grundbesitzes den natürlichen Volkskörper gänzlich zerstört, daß den Maßen als solchen politische Rechte ohne Gefährdung des göttlichen Gesetzes nicht zustehen können u. s. w., unzäliger ähnlicher, allgemeiner und detaillierter Verhältnisse gänzlich zu geschweigen, der ist zu spezieller Seelsorge, zumal zur Privatbeichte noch nicht ausreichend befähigt.

Eine Schwierigkeit der Privatbeichte aber muß am Schluße noch mit Nachdruck hervorgehoben werden. Es ist die, daß die Wiedereinführung der Privatbeichte eine sehr große Vermehrung der pfarramtlichen Arbeit mit sich bringt. Wer nicht darauf gefaßt ist, gefaßt auf wahrhaft aufreibende Arbeit, der beginne lieber mit der Privatbeichte gar nicht — denn nirgends ist es schädlicher, giftiger, zerstörender, als in der Kirche, wenn bedeutende Dinge begonnen und nachher fallen gelaßen werden. Wenn bei der der Feier des heiligen Abendmals vorangehenden Beichte 200 Menschen mit der Privatbeichte behandelt werden sollen, alles in dem Zei.raum von etwa 24 Stunden (die Nacht mit eingerechnet), so grenzt dieß für einen einzelnen Mann schon an die Unmöglichkeit, selbst unter der Voraussetzung, daß nichts weiter geschehe, als daß jeder Einzelne sein „Würdiger lieber Herr" auswendig gelernt hersage. Das aber ist nicht etwa beßer als die gemeine Beichte, sondern schlimmer, nur freilich mit der Restriction, daß dabei doch immer das Princip des persönlichen Bekenntnisses und der persönlich zugeeigneten Absolution gewahrt bleibt. Wenn aber gar, wie das auch an hohen Festen, namentlich Pfingsten, bei uns in Hessen vorgekommen ist und noch vorkommt, 600 ja 800 Beichtende sich einfinden, und diese dann von einem einzigen Pfarrer behandelt werden sollen, so grenzt dies nicht bloß an die Unmöglichkeit, sondern es ist die baare Unmöglichkeit selbst, und bleibt hier schlechthin nichts übrig, als sich zur gemeinen Beichte zurück zu flüchten. Indes muß bemerkt werden, daß diese unlösbare Schwierigkeiten nicht das Institut der Privatbeichte, sondern unsere Kirchenverwaltung treffen, und daß, um das gedachte Institut mit Erfolg allgemein einzuführen, allgemeine Maßregeln der Kirchenverwaltung vorausgehen müßen, Maßregeln, welche auch sonst von der in ihrer äußern Erscheinung tief entwürdigten, beraubten und geknechteten Kirche mit aller Energie in Anspruch zu nehmen sind. Die katholische Kirche hat diesen

Uebelständen, so weit diese bei ihr nur irgend drohen, durch ihr System der Capläne größtenteils ausreichend zu begegnen gewußt.

Das Verhältnis der Privatbeichte zur gemeinen Beichte ist, so weit die Erörterung desselben unserm dermaligen Zwecke nahe liegt, bereits in dem Vorhergehenden berührt worden. (Ueber den Streit Osianders mit den Nürnberger Pfarrern [jener wollte nur Privatbeichte und Privatabsolution, diese auch gemeine Beichte und Absolution] s. Seckendorf Hist. Luth. 3, 253. Das Gutachten Luthers und der Wittenberger Theologen von Mittwoch nach Francisci 1539 steht Jen. A. 7, 349b—351a.) Wir fassen die gegebenen Andeutungen dahin kurz zusammen, daß eine gänzliche Verwerfung und unbedingte Beseitigung der gemeinen Beichte, wie dieselbe jetzt von manchen Uebereifrigen begehrt wird, sich zuverläßig nicht wird rechtfertigen laßen. Die A. C. gibt dazu keine Veranlaßung; nur darf freilich durch die gemeine Beichte die Privatbeichte nicht, wie geschehen, verdrängt werden; nicht ist die Privatbeichte ein Surrogat der gemeinen Beichte, sondern umgekehrt die gemeine Beichte ist ein Surrogat der Privatbeichte. Uebrigens muß darauf bestanden werden, daß die gemeine Beichte sich genau in den Formen bewege, in welchen sich die hessische gemeine Beichte bewegt: daß das Sündenbekenntnis wenigstens durch ein Ja, welches auf Vorhalt ausgesprochen wird, abgelegt werde. (Wo man keine gemeine Beichte kannte und die Privatbeichte dennoch abrogierte, hat sich die ganze Handlung der Beichte und Absolution in eine s. g. „Vermahnung", die allerdings der Beichte, sei dieselbe privat oder gemeinschaftlich, vorausgehen soll, verwandelt).

Drittes Kapitel.

Vom Banne.

Der Bann (excommunicatio) besteht seinem wesentlichen Inhalt nach in einem Behalten der Sünden, so wie in der Consequenz dieses Gebundenseins (des Sündenbehaltens), in der Ausschließung von der christlichen Gemeinschaft. Ohne jene Voraussetzung hat eine Ausschließung aus der christlichen Gemeinschaft keinen Sinn, indem sie alsdann nicht mehr wäre, als eine Ausschließung aus einem weltlichen Verein, eine rein äußerliche, also wesentlich weltliche, wesentlich nichtchristliche Maßregel. Man möge also wol bedenken, wenn man den Bann, als Spitze der Kirchenzucht, ohne welche Spitze die Kirchenzucht nicht einmal äußerlich möglich ist, und mit dem Bann die Kirchenzucht wieder aufrichten will, daß dieß nicht anders geschehen kann und darf als unter der Voraussetzung, daß durch den Bann dem Gebannten die Sünden behalten, die ewige Seligkeit entzogen werde. Wer Bann und Kirchenzucht unter irgend welchen andern Voraussetzungen einführen will, der wird die Kirche verweltlichen, also zerstören, statt sie zu erbauen. Es darf die Kirche niemals aufgefaßt werden als eine äußerliche Gemeinschaft, aus welcher derjenige ausgeschloßen wird, welcher sich den Statuten derselben nicht fügen will; außerhalb einer solchen Gemeinschaft kann der Ausgeschloßene die übrigen, die wesentlichen Zwecke seines Menschenlebens im Allgemeinen und Besondern immer noch erreichen; aus der Kirche ausgeschloßen, hören für ihn jene wesentlichen Zwecke gänzlich auf, zu existieren — er kann nichts mehr werden, hat an der großen Weltzukunft keinen Theil; „stirbt in seinen Sünden", (nur energische, freilich diabolische, politische Vereine haben etwas Aehnliches, z. B. die demokratischen: „der von uns Ausgeschloßene ist verloren, er nimmt an dem großen

„„Völkerfrühling"" keinen Theil"; diese verstanden auch den Sinn unserer kirchlichen Excommunication recht gut, während die insipiden Constitutionellen [Büreaukraten] weder damals noch jetzt denselben fassen können). Gewis geschieht die Excommunication auch um der Gemeinde willen, aber das ist nur ein secundäres Element, an sich ist die Excommunication, so gut wie die Absolution ein Gnadenact Gottes ist, ein Richteract Gottes, wird vollzogen um der Gerechtigkeit Gottes willen und ist vollkommen selbständig. Es darf deshalb beklagt werden, daß die von der Eisenacher Conferenz im Juni 1859 adoptierten „Grundsätze für die heutige Behandlung der Kirchendisciplinarfrage" bei allen anerkennenswerten Einzelheiten auf Bann als Realfundament der Kirchenzucht nur schüchtern und evasiv, nämlich nur als „Ausschließung aus der Kirchengemeinschaft" eingehen, und sich zur Begründung desselben auf den „in allem körperschaftlichen Vernunftrecht unverjährbar wurzelnden Grundsatz" (das Ausschließungsrecht aus einer Gemeinschaft) berufen.

Es kann aber nun jenes Behalten der Sünden ein doppeltes sein: ein definitives oder ein provisorisches (interimistisches, suspensives), und demgemäß kann auch die Excommunication eine doppelte sein: eine definitive und eine suspensive (totale und partielle). Das provisorische Sündenbehalten und die aus demselben folgende suspensive Ausschließung aus der Kirchengemeinschaft schließt die Voraussicht in sich, daß der Gefallene (Abgewichene, Verleugner) den Willen habe, seine Sünden noch vergeben zu erhalten, daß wenigstens dieser Wille in ihm noch erweckbar sei durch die ordentlichen Mittel der Kirche; nur muß dieser Wille wegen der besondern Qualität der Sünden eben erst erweckt, und wenn erweckt, dann erst erkräftigt und erprobt werden; bis dahin daß dieß geschehen sein wird, werden ihm selbstverständlich zwar seine Sünden behalten, aber es wird die Operation des heiligen Geistes durch die von demselben heiligen Geist in der Kirche geordneten Mittel unausgesetzt in Thätigkeit erhalten: die Kirche arbeitet unabläßig an ihm weiter, um eben die Buße noch bei ihm zu ermöglichen. Eben so wird der Gefallene selbstverständlich einstweilen von der Gemeinschaft der Gnadenmittel, welche die Vergebung der Sünden voraussetzen, so von dem heiligen Abendmahl und — worauf man nicht gehörig geachtet hat — von der allgemeinen Absolution (in so fern derselben nicht, wie bei uns, eine ausdrückliche Retention folgt) desgleichen von der mittelbaren Theilnahme an den Gnadengütern der Kirche und dem Verkehr mit den Gläubigen excludiert, um eben in dieser Exclusion ihm ein Erkenntnismittel für seine Sünden zu geben und das Verlangen nach Sündenvergebung zu wecken und zu schärfen, alles mit der Aussicht auf seine Wiederaufnahme in die Kirchengemeinschaft.

Das definitive Sündenbehalten erstreckt sich sofort auf das ganze zeitliche Leben des Sünders, so daß von nun an die Kirche von ihm als einem Abgefallenen eine Notiz nicht weiter nimmt, falls er die Kirche nicht von selbst wieder suchen und sich deren Ordnungen unterwerfen sollte; die Sünden werden ihm, wenn diese Voraussetzung nicht eintritt, auch für den Todesfall und folglich auch für den künftigen Aeon, für den Richterstuhl Christi, behalten; eben so ist seine Ausschließung aus der Kirchengemeinschaft eine definitive, d. h. er wird von dem Leibe Christi abgeschnitten als ein faules Glied, an dessen Genesung die Kirche in zeitlicher Weise nicht mehr denken, dessen sie sich nicht mehr annehmen kann. Augustin. ad c. 6. Joannis. Nihil sic debet formidare Christianus quam separari a corpore Christi. Si enim separatur a corpore Christi non est membrum ejus. Si non est membrum ejus, non vegetatur spiritu ejus. Quisquis autem, inquit Apostolus, spiritum Christi non habet, hic non est ejus. c. 33. C. XI. qu. 3.

Man nennt Beides, wie auch hier geschehen, Excommunication; das suspensive, provisorische Sündenbehalten, die provisorische Ausschließung aus der Kirchengemeinschaft nennt man dann die kleine Excommunication, den kleinen Bann. Als besondern Namen führt der große Bann noch die Bezeichnung Anathema (auch Bann schlechthin).

Hier beginnt nun das Gebiet der Kirchenzucht im engern (oder eigentlichen) Sinn, d. h. die Kirche trifft Maßregeln, daß es bei ihren Gliedern wo möglich niemals auch nur zu einem provisorischen Sündenbehalten kommen möge. Dieß ist der wesentliche Inhalt aller Kirchendisciplin, welche zunächst nur darauf gerichtet sein kann, die Kirchenglieder zeitig darauf hinzuweisen, daß ihre Seligkeit nur innerhalb der Kirche möglich sei, mithin die Sünden durch ernstliche Buße Gott zur Vergebung vor-

gelegt werden müßen, wenn nicht Schaden an der Seligkeit wolle erlitten sein, also zugleich darauf, diese Buße zu erwecken, zu be=
fördern und zu einem gedeihlichen Resultate zu bringen, ohne daß es nötig wäre, von der auch nur temporellen Retention Gebrauch zu machen; — wo dieß aber nötig sein sollte, weiter darauf, diese Buße trotz der Schwere ꝛc. des Falles dennoch in Wirklichkeit zu setzen.

Beide Formen der Excommunication finden sich nun bereits auch im N. T. Die einstweilige Excommunication ist bezeichnet in den Stellen 2 Joh. V. 10—11. 1 Cor. 5, 11. 2 Theff. 3, 14. So streng in den beiden erstbezeichneten Stellen die gänzliche Ab=
sonderung des eine fremde Lehre Führenden, des Hurers, Betrügers, Götzendieners, Schimpfers (Lästerers), Trunkenbolds und Habsüchtigen (Geizigen) befohlen ist, so lehrt doch die dritte Stelle, welche, wie die beiden andern, das μὴ συναναμίγνυσθαι als Vorschrift enthält, daß trotz dieser Absonderung die Thätigkeit der Kirche an einem Solchen nicht aufhören dürfe: noch ist er, trotz seines Ungehorsams gegen das epistolische Mandat des Apostels, kein Feind, sondern ein Bruder, welcher ermahnt und gewarnt werden soll. Wenn auch hiergegen eingewendet werden kann, daß die Sünde, auf welche 2. Theff. 3, 14 sich bezieht, eine sehr specielle Sünde und eine leichtere sei, als Heterodidaskalie, Götzendienst, Hurerei, nämlich Müßig=
gang, so schließt dieß doch auf der einen Seite nicht aus, daß ein solches Ermahnen und Warnen als gegen einen Bruder, auch in dem Falle jener Sünden (fremde Lehre ꝛc.) angewendet werden dürfe, mit Aussicht auf den Erfolg. ἵνα ἐντραπῇ, daß er in sich schlage ("schamrot werde", Luther); auf der andern Seite nicht, daß die Gemeinschaft auch mit einem Müßiggänger, wie deren zu Thessalonich vorkamen, alsdann gänzlich und definitiv abgebrochen werden könne und müße, wenn das νουθετεῖν keinen Erfolg haben sollte.

Diese auch an einem offenbaren Sünder, Abgewichenen und Widersprecher fortzusetzende Thätigkeit der Kirche wird denn auch noch durch weitere apostolische Vorschriften, so wie mit Hinsicht auf ein besonderes Verhältnis durch ein Wort des Herrn Christi Selbst näher bestimt. Tit. 3, 10 αἱρετικὸν ἄνθρωπον μετὰ μίαν καὶ δευτέραν νουθεσίαν παραιτοῦ, so daß das ἀφίστασθαι 1 Tim. 6, 5, welches der Apostel der Heterodidaskalie als Vorschrift für

Timotheus den Evangelisten entgegen setzt und das ἀποτρέπεσθαι, welches er 2 Tim. 3, 5. dem Evangelisten mit Rücksicht auf den großen Abfall der Zukunft anbefiehlt, zusammengenommen mit den öfteren Anweisungen für die Evangelisten sowol wie für die Bischöfe, die Widersprechenden (ἀντιλέγοντας) zu strafen (ἐλέγχειν) 1 Tim. 5, 20. 2 Tim. 2, 25. 4, 2. Tit. 1. 9. 11. 13. wol unzweifelhaft erst auf ein wiederholtes, aber vergeblich gebliebenes παρακαλεῖν, νουθετεῖν, ἐλέγχειν folgen soll. In derselben Weise, wie der Apostel Paulus eine zweimalige νουθεσία für den Häretiker vorschreibt, besiehlt auch der Herr Christus Selbst eine stufenweise fortgehende Ermahnung für diejenigen, welche in Privatverhältnissen gegen den Nächsten gesündigt haben Matth. 18, 15—17; nach der besondern Beschaffenheit, der privaten, dieser Sünde, soll zuerst eine Elenxis unter 4 Augen, dann eine solche vor 2—3 Zeugen, dann eine Appellation an die Gemeinde Statt finden. Ist aber diese letztere auch vergeblich (Matth. 18, 17), so soll eine gänzliche Absonderung in der Weise erfolgen, daß der zum Eingeständnis ꝛc. seiner Beleidigung nicht zu bringende Beleidiger für einen ἐθνικός und τελώνης gehalten, also aus der Gemeinschaft der Gläubigen als ausgeschloßen erachtet werden soll.

Dasselbe was hier der Herr sagt, daß ein Solcher, als ein ἐθνικός gelten solle, mithin als ein Solcher, an welchem die Kirche eine weitere Thätigkeit nicht ausüben könne und dürfe, welcher außerhalb des Kreises der Gnade der Sündenvergebung und der Mittel dieser Gnade, die an ihm nicht ferner zur Anwendung kommen, fernerhin stehe, sagt auch der Apostel Paulus in der unzweideutigsten Weise. 1 Cor. 5, 3—5.: παραδοῦναι τὸν τοιοῦτον τῷ σατανᾷ εἰς ὄλεθρον τῆς σαρκός etc. 1 Tim. 1, 20 (vgl. 2 Tim 4, 15. 2, 17). Dieses „dem Satan übergeben" bezeichnet nichts anderes, als den Abgefallenen der Welt, der Heidenwelt überlaßen, in welcher der Satan sein Werk hat, und ihn somit von dem Leibe Christi, in welchem der Satan überwunden ist und keine Macht besitzt, abtrennen. Augustin: omnis Christianus qui a sacerdotibus excommunicatur, satanae traditur; quomodo? scilicet quia extra ecclesiam diabolus est, sicut in ecclesia Christus, ac per hoc quasi diabolo traditur, qui ab ecclesiastica communione removetur c. 32. C. XI. qu. 3. Es wird somit durch den Befehl des Herrn

Christi und durch die beiden, im Namen des Herrn Christi, aus apostolischer Macht, von dem Apostel Paulus vollzogenen Handlungen die definitive Sündenbehaltung und definitive Excommunication in der Kirche festgestellt, und hat hiernach auch die Kirche von ihren ersten Anfängen an gehandelt, kann auch davon, wenn sie nicht aufhören will, Kirche d. h. das Institut der Seligkeit zu sein, in welchem die Macht des Bindens und Lösens, der Sündenvergebung und der Sündenbehaltung beschlossen ist, nimmermehr abgehen. (Formeller Abfall vom Christentum ist es, wenn in neuerer Zeit von herabgekommenen Geistern behauptet worden ist, es solle in der Kirche kein Bann, ja überhaupt keine Kirchenzucht mehr vorkommen, wenn der Bann für ein völlig obsoletes Institut ist erklärt worden, und wenn bis zu der Albernheit ist vorgeschritten worden, als sei der Bann mit den Grundsätzen der evangelischen Kirche nicht vereinbar, während A. C. Art. 28 die Fortdauer des Bannes in der Kirche auf die ausdrücklichste Weise festgestellt ist [und eben so die reformierten Symbole Helv. C. I, c. 18. Belg. C. art. 32. Conf. Gall. art. 33. C. Angl. art. 33]; mit den Grundsätzen der Häretiker freilich ist die Excommunication nicht vereinbar, denn eben gegen sie muß sie angewendet werden; wie man auf dem weltlichen Gebiet die Mordlustigen daran erkennt, daß sie die Todesstrafe abgeschafft wißen wollen, so erkennt man auf kirchlichem Gebiet die eigentlichen Abgefallenen daran, daß diese die Excommunication abgeschafft haben wollen).

Ein Solcher an dem die Kirche keinen Theil mehr haben kann und darf wird durch die Excommunication dem jüngsten Gericht, wenn der Herr wieder komt, überwiesen und dieß will wol ohne Zweifel der Apostel in dem bekannten Worte sagen: $εἴ\ τις\ οὐ$ $φιλεῖ\ τὸν\ κύριον\ Ἰησοῦν\ Χριστόν,\ ἤτω\ ἀνάθεμα,\ μάραν$ $ἀθά.$ 1 Cor. 16, 22. Hier ist das $οὐ\ φιλεῖν$ dem Abfall gleich zu achten, und ein Abgefallener ist חֵרֶם, $ἀνάθεμα$, also dem Dominus qui venturus est, מָרָנָא אֲתָה, dem zu Gericht Wiederkommenden, zu überweisen. Daßelbe 2 Tim. 4, 15. [„Paulus hat hier im Affect geredet, und im Affect gefehlt, wie auch David im Affect gefehlt hat. Wie verträgt es sich mit der menschenfreundlichen Lehre Jesu, des größten Menschenfreundes, einem Andern Böses zu wünschen, wie hier Paulus thut!" meinte einst Zimmermann in Marburg] *).

Wir handeln zunächst von dem großen Bann, als einer an und für sich bestehenden Materie, sodann von dem kleinen Bann als der in den meisten Fällen eintretenden Vorstufe des großen Bannes, und verbinden hiermit die Darstellung der Reconciliation einschließlich der Censuren und Bußen, durch welche die Reconciliation ermöglicht wird, endlich von den Vorstufen des kleinen Bannes, und den Verhältnissen des kleinen Bannes zum großen Bann, den kirchlichen Disciplinarmitteln, wie dieselben gegen die einzelnen Vergehungen in Anwendung zu bringen sind.

---

*) 1. Cor. 5, 3—5. κέκρικα ἐν τῷ ὀνόματι τοῦ κυρίου ἡμῶν Ἰησοῦ Χριστοῦ, συναχθέντων ὑμῶν καὶ τοῦ ἐμοῦ πνεύματος σὺν τῇ δυνάμει τοῦ κυρίου ἡμῶν Ἰ. Χρ. παραδοῦναι τὸν τοιοῦτον τῷ σατανᾷ (in Gottes, Christi Namen!).

2 Cor. 2, 11. καὶ γὰρ ἐγὼ ὃ κεχάρισμαι, εἴ τι κεχάρισμαι, δι' ὑμᾶς ἐν προσώπῳ Χριστοῦ.

1 Tim. 1 20. Ὑμέναιος καὶ Ἀλέξανδρος, οὓς παρέδωκα τῷ σατανᾷ, ἵνα παιδευθῶσιν μὴ βλασφημεῖν. (Selbständige Handlung des Apostels).

Nach 2 Tim. 2, 17 war dieß geschehen wegen der Lehre, daß die Auferstehung schon geschehen sei; wodurch der Glaube Mancher war verkehrt worden.

Matth. 18. 17. ἐὰν δὲ τῆς ἐκκλησίας παρακούσῃ, ἔστω σοι ὥσπερ ὁ ἐθνικὸς καὶ ὁ τελώνης.

2 Joh. V. 10—11. εἴ τις ἔρχεται πρὸς ὑμᾶς καὶ ταύτην τὴν διδαχὴν οὐ φέρει, μὴ λαμβάνετε αὐτὸν εἰς οἰκίαν· καὶ χαίρειν αὐτῷ μὴ λέγετε, ὁ γὰρ λέγων αὐτῷ χαίρειν, κοινωνεῖ τοῖς ἔργοις αὐτοῦ τοῖς πονηροῖς.

2 Thess. 3, 14. εἰ δέ τις οὐχ ὑπακούει τῷ λόγῳ ἡμῶν διὰ τῆς ἐπιστολῆς, τοῦτον σημειοῦσθε, μὴ συναναμίγνυσθε αὐτῷ, ἵνα ἐντραπῇ· — καὶ μὴ ὡς ἐχθρὸν ἡγεῖσθε, ἀλλὰ νουθετεῖτε ὡς ἀδελφόν.

1 Cor. 5, 11. ἐάν τις ἀδελφὸς ὀνομαζόμενος ᾖ πόρνος ἢ πλεονέκτης ἢ εἰδωλολάτρης ἢ λοίδορος ἢ μέθυσος ἢ ἅρπαξ, τῷ τοιούτῳ (μὴ συναναμίγνυσθαι) μηδὲ συνεσθίειν.

Tit. 3, 10. αἱρετικὸν ἄνθρωπον μετὰ μίαν καὶ δευτέραν νουθεσίαν παραιτοῦ.

2 Tim. 4, 15. ὃν (Ἀλέξανδρον) καὶ σὺ φυλάσσου (nachdem vorausgegangen ist: ἀποδῴη αὐτῷ ὁ Κύριος κατὰ τὰ ἔργα αὐτοῦ)

2 Tim. 2, 16. τὰς δὲ βεβήλους κενοφωνίας περιΐστασο — V. 17. ὧν ἐστιν Ὑμέναιος καὶ Φίλητος.

Erster Abschnitt: **Vom großen Bann, Anathema.**

Es wurde so eben bemerkt, daß der große Bann den kleinen Bann, und dieser wieder die einzelnen kirchlichen Disciplinarmittel zu Vorstufen habe, und in den meisten Fällen tritt auch dieses Verhältnis ein. Erst nachdem alle andern kirchlichen Disciplinarmittel, zuletzt auch der kleine Bann, sich wirkungslos für die Bekehrung des Sünders erwiesen haben, tritt der große Bann, jedoch auch dieser nur nach vorausgegangener besonderer Ankündigung (Androhung) ein. Aber es gibt auch Fälle, und der Apostel Paulus stellt uns 1 Cor. 5, 3—5 selbst einen solchen vor Augen, in welchen auf ein einzelnes Vergehen (wiederum nach Ankündigung, wovon sogleich mehr) sofort das Anathema erfolgen kann und soll.

Der eben erwähnte Fall (die Heirat mit der Stiefmutter) gibt uns zugleich den allgemeinen Maßstab an, nach welchem zu bemeßen ist, ob die sofortige Anwendung des Anathema gegen ein bestimtes Vergehen einzutreten habe: es sind die s. g. Sünden wider die Natur, d. h. diejenigen, welche als Vergehen auch in der Heidenwelt noch angesehen werden, und von denen sich im Ganzen die Heidenwelt frei gehalten hat. Dahin gehört vor allem demnach der Incest und ähnliche widernatürliche Fleischesvergehen, Lenocinium, muthwillige Schändung heiliger Stätten, qualificierte Gotteslästerung, Sacramentsschändung, Elternmord, thatsächliche Auflehnung gegen alle menschliche und göttliche Auctorität. Das ältere Kirchenrecht rechnete überhaupt hierher die peccata mortalia, in sofern sie crimina manifesta et publica waren C. 41. c. XI. qu. 3. Letzteres ist wichtig. Zwei Voraussetzungen müßen nämlich allerdings bei diesen Vergehen ein für allemal eintreten, wenn dieselben sofort dem Anathema an dem Verüber derselben unterliegen sollen:

1) sie müßen öffentlich begangen sein, so daß nicht allein über die Thäterschaft nicht der mindeste Zweifel besteht (manifestum crimen), sondern daß auch die betreffende That zur Kenntnis der Gemeinde im Ganzen gekommen ist (publicum crimen); nicht jeder Incest hat nämlich diesen Charakter!

2) muß es der kirchlichen Gemeinschaft der Landeskirche, wenigstens der Diöcese, jedenfalls der Gemeinde und dem Thäter bekannt sein, daß mit solchen Sünden und Verbrechen ein Verbleiben in der

chriſtlichen Gemeinſchaft ſchlechthin unverträglich ſei. Die kirchliche Oberbehörde hat deshalb die Pflicht auf ſich, für das Bekanntwerden dieſes Verhältniſſes gewiſſer Sünden und Vergehen zu der chriſtlichen Gemeinſchaft zu ſorgen. Die katholiſche und griechiſche Kirche hat dieſe Fürſorge getroffen, indem jährlich einmal diejenigen Vergehen, auf denen das Anathema ſteht, öffentlich recitiert werden ſollen. (In der griechiſchen Kirche geſchieht dieß noch jetzt, in der katholiſchen geſchah es am grünen Donnerstage mittels Vorleſung der Bulle in coena Domini [ſeit Urban V. 1362, die neueſte Form iſt von Urban VIII. 1627], deren Inhalt eben kein anderer iſt, als die Bezeichnung derjenigen Vergehen, auf welchen das Anathema ſteht [freilich gehörte ſeit Paul V. auch dazu die Annahme der lutheriſchen Lehre], und gegen welche ein ſo lautes Geſchrei erhoben worden iſt, daß jetzt dieſe Vorleſung eingeſtellt worden iſt. Das Geſchrei war ſehr unnötig, denn wir ſind ja darüber einverſtanden, daß das Urteil der katholiſchen Kirche über uns ein *temerarium* judicium iſt, gefällt ohne gehörige Einſicht in die Sache, ja gefällt ſogar ohne ausreichendes Verhör, und nun warnt doch eben das kanoniſche Recht an ſo vielen Stellen ſo nachdrücklich gegen ein ungerechtes Anathematiſieren, ſo daß wir uns bei dem Satze des kanoniſchen Rechts temerarium judicium plerumque nihil nocet ei, de quo temere judicatur; ei autem, qui temere judicat, ipsa temeritas necesse est ut noceat [aus Auguſtin] c. 49. causa XI, qu. 3. [d. h. im 2. Theil des Decrets, 11. Cauſa, 3. Quäſtio, 49. Regel] ſehr wol beruhigen können und nicht nötig haben, zu ſchreien; das weſentliche dieſer bulla in coena domini müßen wir auch bei uns haben, wenn wir eine Kirche haben wollen, und wir haben es faſt überall wirklich, indem jetzt in den meiſten Landeskirchen öffentlich gegen den Uebertritt zum Baptismus, als die Ausſchließung von der Kirchengemeinſchaft notwendig nach ſich ziehend, gewarnt wird).

Aber auch wenn dieſe beiden Vorausſetzungen vorhanden ſind, muß dennoch dem Verbrecher eine Mahnung und Verwarnung zugefertigt werden, ehe das Anathema über ihn ausgeſprochen wird. Das Anathema kann nur über unverbeßerliche Sünder, über ſolche, welche ſich der Sündenvergebung weigern, (die Sündenvergebung verachten), über Solche, die auf ihre Sünden trotzen (über eigentliche Refractärs in der Kirche) ausgeſprochen worden. Solcher Trotz ist auch bei jenen groben Sünden nicht unbedingt vorauszusetzen. Es kann nämlich sein, daß das Vergehen trotz seiner Atrocität, doch im Zustande einer augenblicklichen, schnell aufwallenden Ferocität und Brutalität verübt worden ist, und daß eben die vollbrachte That selbst die vorher mangelnde Selbstbesinnung zurückbringt, so daß das Herz des Sünders der Buße zugänglich wird, was dasselbe früher nicht war. Dieß zu ermitteln, ist eine solche Mahnung, sich zur Buße zu wenden, und eine solche Verwarnung, daß im entgegengesetzten Falle der Bann über ihn ausgesprochen werde, erforderlich, und muß der Verwarnung eine wenn auch nur summarische Erinnerung an die innern und äußern Folgen des Bannes beigefügt werden. Diese Mahnung und Verwarnung ist allezeit mit einer Fristsetzung zu verbinden, und wenigstens einmal zu wiederholen. Die Fristsetzung darf nicht allzu kurz (nach Analogie der sonstigen Fristsetzungen nicht leicht unter zehn Tagen) ausfallen, aber es darf auch die Frist nicht zu lange erstreckt werden, und zwar niemals über dreißig Tage hinaus. Bei der ersten Fristsetzung wird angekündigt, daß, falls innerhalb dieser Frist eine Erkenntniß der Sünden nicht eintreten und der Weg zur Buße nicht gefunden werden sollte, eine zweite Verwarnung erfolgen werde. Selbstverständlich brauchen diese beiden Fristen nicht von gleicher Dauer zu sein: ist der Verbrecher seiner Individualität nach nicht bekannt, so ist die erste Frist füglich bis zu 30 Tagen auszudehnen; zeigen sich unterdes Symptome einer wenn auch noch so leisen Erkenntniß, so werden wiederum 30 Tage gesetzt (etwa auch noch ein drittes Mal); zeigt sich dagegen von vorn herein oder innerhalb der ersten Frist Halsstarrigkeit, Hohn u. dgl., so wird gleich die erste Frist, gewiß die zweite so kurz als möglich anberaumt. Während diese Fristen laufen, wird in der Regel nicht mit dem Bedrohten kirchlich gehandelt; man überläßt ihn sich selbst d. h. den Wirkungen des in der Androhung enthaltenen Wortes Gottes des Gerichts. Ueber eine in ganz besonders zweifelhaften Fällen etwa nachzugebende dritte Frist aber darf niemals hinausgegangen werden, und jedenfalls muß augenblicklich nach fruchtlosem Ablauf der betreffenden Frist die Aussprechung des Bannes erfolgen.

Die Aussprechung des Anathema kann nur durch die obere Kirchenbehörde erfolgen, und ihr gelten darum auch schon die so eben gegebenen Regeln über die Fristsetzung: die Fristen müßen eben von der obern Kirchenbehörde bestimmt werden. Dieß wird durch die Natur der Sache gefordert: in einem engen Kreiße — dem einer einzelnen, vielleicht kleinen, Gemeinde kommen Fälle, durch die das Anathema herausgefordert wird, naturgemäß nur sehr selten, oft in mehrerern Menschenaltern, nicht vor. Da liegt nun die Gefahr nahe, daß ein schweres Vergehen, welches an sich schon ungewöhnlich ist, in einem solchen engen Kreiße für vollends unerhört und die sofortige Excommunication herausfordernd erscheint (wie denn noch in neuester Zeit ein unverständiger Neophyt Beispiele von schweren Rückfällen Bekehrter in der Evang. K. Z. für Sünden wider den heiligen Geist ausgegeben hat), während gegen dasselbe nur die gewöhnliche Disciplin mit Bußermahnung ꝛc. einzuhalten ist, und von dem Erfolge dieser Disciplin erst die weitern Schritte abhängig gemacht werden können. Es würde völlige Verwirrung auf dem Gebiete der Kirchenzucht geben, wenn hier nach einzelnen Fällen relativ seltner Art und nicht nach dem allgemeinen Zustande der Kirche, den ein Einzelner nicht übersehen kann, die Anathematisierung — hier so, dort anders, wieder anders am dritten Orte — erfolgen sollte, nicht zu rechnen die judicia temeraria, welche in engen Kreißen so ungemein nahe liegen. Dieß hat auch vorlängst die Kirche eingesehen, und im 9. Jarhundert wurde sogar bestimmt, daß das Anathema nicht einmal von dem einzelnen Bischof, sondern von ihm nur mit Gutheißen des Erzbischofs, oder wenigstens unter Zuziehung von andern Bischöfen ausgesprochen werden solle (canon Nemo episcoporum [c. 41 C. XI. qu. 3] Synode zu Meaux [Syn. Meldensis] a. 845).

Dieß ist auch, wo irgend die Excommunication noch besteht, in der evangelischen Kirche ganz allgemeine Regel, auch in der hessischen Kirchengesetzgebung ausdrücklich vorgeschrieben: so in der Ordnung der christlichen Kirchenzucht von 1539 („Ziegenhainer Kirchenordnung"), welche die Grundlage der gesamten Legislation über die Kirchenzucht bildet, (Landesordnungen I, 109. Richter 1, 290 f.) c. 4. Hier wird vorgeschrieben, daß die Vorbereitung zum großen Bann mit Rat der Aeltesten und die Urteilsprechung nur durch den Superintendenten vollzogen werden soll. Eben so in der K. O. vom 20. Juli 1573 und in der K. O. vom 12. Juli 1657 c. 18 Satz 6 am Ende, wo das Verfahren gegen halsstarrige Unbußfertige, welche sich der öffentlichen Pönitenz weigern, dem Superintendenten (zur Instruction) zugewiesen wird; Presbyterialordnung vom 1. Febr. 1657 Tit. IV. pos. 9 Satz 12, wo die Sache an das Consistorium verwiesen worden war; Consist. Ordnung vom 12. Juli 1657 c. 16, wo gleichfalls der geistliche Bann und Excommunication dem Consistorium zugewiesen wird, so daß der Superintendent eigentlich nur der Informator und Instructor der Sache und dann der Executor der Excommunication sein sollte. Es dienen diese Citate zugleich zur Nachweisung, daß der große Bann in der hessischen Kirche in ungeschmälertem Rechte bestehe; eine Abrogation hat niemals Statt gefunden, auch ist die Handhabung desselben niemals factisch beseitigt worden. Gröblich gefehlt hat Pfeiffer Kirchen-Recht § 621, welcher meint, der große Bann wie ihn die hessische Kirchengesetzgebung anordne, sei als aufgehoben zu betrachten.

Die Voraussetzung des Bannes kann menschlicher Weise keine andere sein, als daß das Behalten der Sünden dennoch dahin führe, daß der Gebannte sich bekehre. Diese Voraussetzung, daß der Gebannte nur so lange im Banne bleiben solle, bis daß er sich bekehrt habe, daß mithin die justitia vindicatrix Gottes zwar mit unzweifelhaftem Erfolge angedrohet, die Anwendung des Bannes aber eben darum dennoch ein Act der justitia paedagogica sei, muß in der Bannformel mit völliger Bestimtheit ausgedrückt sein. Denn die Absolution darf, wenn sie mit rechtem Sinn begehrt wird, von der Kirche nicht geweigert werden (A. C. Art. 12 cum convertuntur „so sie bekehrt werden") und die Kirche darf so lange nur der natürliche Odem im Menschen ist, die Möglichkeit der conversio nicht aufgeben. Diesen pädagogischen Gebrauch der vom Banne zu machen ist, gibt auch der Apostel Paulus und zwar gerade da an, wo er denselben in voller Form verhängt: 1 Cor. 5, 5: κέκρικα παραδοῦναι τὸν τοιοῦτον τῷ σατανᾷ εἰς ὄλεθρον τῆς σαρκός, ἵνα τὸ πνεῦμα σωθῇ ἐν τῇ ἡμέρᾳ τοῦ κυρίου Ἰησοῦ. So bestimt hier auch auf das Gericht des wiederkommenden Herrn Christus gewiesen wird, so ist dennoch die Aussicht eröffnet, daß eben durch die Uebergabe des Sünders an den Satan die σάρξ werde hinweggethan und der Geist werde für jenen Gerichtstag gerettet werden *).

---

*) Die Auffassung des εἰς ὄλεθρον σαρκός ist für unsern Zweck zwar irrelevant; die σάρξ wird wol auch hier wie sonst im Gegensatz gegen πνεῦμα bei Paulus den Menschen in der Sünde, die sündlichen Existenzen, bedeuten. Soll aber ὄλεθρος τῆς σαρκός Krankheit bedeuten, so muß vor zweierlei Auffassung dieser Stelle von unserm Gebiete aus gewarnt werden 1) als habe Paulus,

Die Form des Bannes ist folgende. Es wird zuvörderst das Vergehen der zu excommunicierenden Person und die ihr deßfalls erteilte wiederholte Verwarnung, oder wenn ein Disciplinarverfahren fruchtbar in Anwendung gekommen ist, dasselbe mit seiner Erfolglosigkeit dargestellt, zwar in möglichster Kürze, aber zugleich mit großer Präcision und unter Nennung des vollständigen Namens (Vor= und Zunamens) derselben; sodann wird der Befehl des Herrn nach Matth. 18, 18 und Joh. 20, 23 wörtlich angeführt und das allgemeine so wie das besondere Kirchenrecht in Bezug genommen. Dann folgt die eigentliche Bannformel: „Da nun besagter N. N. „eine beharrliche Unbußfertigkeit bewiesen und allen Mitteln der Be= „kehrung, welche unser Herr und Heiland Jesus Christus Seiner „Kirche verliehen, hartnäckig widerstrebt hat, so spricht hiermit (das „Consistorium) kraft des Befehles des Herrn und nach der Ordnung „der christlichen Kirche den Bann aus über N. N., also daß ihm „seine Sünden sollen behalten sein und bleiben, und also, daß er „ausgeschlossen wird aus der Gemeinschaft der heiligen seligmachenden „Kirche und abgetrennt von dem Leibe Christi als ein verdorbenes „und schädliches Glied. Dieser N. (jetzt nur der Taufname) soll „nicht ferner Theil haben an der Verkündigung des gnadenreichen

indem er den Incestuosen dem Satan übergab, ihn einer zum Tode führenden Krankheit übergeben, und sei folglich mit dem Abschneiden eines Gliedes vom Leibe Christi (Bann) auch Krankheit verbunden, oder der Bann sei nicht richtig; — Krankheiten können wir durch den Bann nicht bewirken, und es ist ohnehin nicht zu denken, daß alle die, welche außerhalb der Kirche existieren, oder aus der Kirche ausgeschlossen werden, leiblich=zeitliche Pein haben sollten; diejenigen welche draußen sind plagt der Satan mit leiblicher Pein gerade am wenigsten. Noch bedenklicher ist die zweite, eigens rationalistische Auffassung, als bedeute das παραδοῦναι τῷ σατανᾷ gar nicht die Exclusion von den Gnaden der Kirche, das Behalten der Sünde, die Abtrennung vom Leibe Christi, sondern bloß „Anwünschung von Leiden zur Züchtigung". Dieß setzt eine ganz unzulässige Ansicht vom Satan und vom Verhältnis des Satans zur Kirche voraus: als könne nämlich dem Satan innerhalb der Kirche ein Züchtigungsamt übertragen werden. Das kann wol Gott, zur Versuchung, aber uns ist jede Verwendung des Satans unbedingt abgeschnitten. Jedenfalls aber ist, was hier die Hauptsache bildet, die Aussicht auf die Bekehrung des Gebannten von den Aposteln mit Bestimmtheit offen gehalten. Dieß muß die Kirche festhalten, also ihre Bannformel nur bedingt fassen: wenn nicht — dann; für den Fall daß der Gebannte nicht — dann ꝛc.

"Wortes, noch an den heiligen Sacramenten, noch an Gebet und "Fürbitte der Gemeinde, noch an den sonstigen innern und äußern "Gnaden, Gaben, Wolthaten und Rechten der Kirche Jesu Christi "des Herrn [hier können auch die besondern äußern Folgen des "Bannes erwähnt werden]. Und soll dieser auf Befehl und im "Namen des Herrn Christi hiermit ausgesprochene Bann in Kraft "bleiben bis dahin, daß besagter N. aus Antrieb des heiligen Geistes "die Vergebung da sucht, wo er sie allein finden kann. Wo aber "solches nicht geschähe, und er in seinen Sünden und seiner Un= "bußfertigkeit beharrete bis zu seinem Tode, so soll er in seinen "Sünden sterben, und sollen ihm hiermit seine Sünden behalten "werden nicht allein bis zum Tode, sondern auch bis zur Auferste= "hung der Todten, bis zum jüngsten Tage und bis zum Gericht "des Herrn Christi über die Lebendigen und die Todten, und "soll alsdann der Name dieses N. nicht gefunden werden im Buche "des Lebens."

Diese Formel muß der Gemeinde in der Kirche nach Vollendung des Gottesdienstes, und zwar ordnungsmäßig am Altar vernehmlich vorgesprochen (übrigens auch nach Befinden dem Excommunicierten von der Vollziehung des Bannes Nachricht gegeben), und dieselbe von einem doppelten Gebete, einem der Formel vorausgehenden und einem derselben nachfolgenden begleitet werden. In dem ersteren muß die Schuld und Sünde der betreffenden Gemeinde möglichst nach= drücklich bekannt werden; in dem zweiten ist es üblich „noch einmal aber auch zum letztenmal" für den nunmehr Ausgestoßenen zu beten — dieß darf jedoch nur in der Weise geschehen, daß gebetet wird, der Herr Christus möge nach Seiner verborgenen allmächtigen Gnade und Weisheit ihn noch wie einen Brand aus dem Feuer reißen; jedenfalls muß in diesem Gebete die Bitte enthalten sein, daß Gott Kirche und Gemeinde vor ähnlichen Aergernissen be= hüten möge.

In älterer Zeit waren mit der Verkündigung des großen Bannes mancherlei symbolische Handlungen verbunden z. B. bei dem Anathema Maran Atha, welches nur von dem Bischof persönlich ausgespochen werden konnte, assistierten dem Bischof sechs oder sieben Pfarrer, welche brennende Fackeln trugen, und diese in dem Augenblick, wo das Anathema ausgesprochen wurde, umstürzten, auslöschten und mit Füßen traten.

Die Folgen der Excommunication sind

1) Alle und jede Seelsorge für den Excommunicierten hört mit dem Augenblicke, in welchem der Bann ausgesprochen wird, gänzlich auf. Der Pfarrer darf sich um denselben ohne das schwerste Aergerniß zu geben eben so wenig und noch weniger bekümmern als um einen Juden. (Nur der blödeste Unverstand hat mitunter von dem Pfarrer verlangt, er solle noch an einer solchen Person „arbeiten"). Dahin gehört dann auch insbesondere die Seelsorge hinsichtlich des Eides (die s. g. Eidesbelehrung, Eidesverwarnung). Diese Belehrung darf der Pfarrer einem Gebannten nicht erteilen (schon aus dem äußerlichen Grunde nicht, weil derselbe ja gar kein Glied der Gemeinde mehr ist), und es folgt daraus, daß da, wo die Eidesbelehrungen als notwendige Voraussetzungen des bürgerlichen Eides gesetzlich eingeführt sind, der Eid von einem Excommunicierten gar nicht mehr abgelegt werden kann. (Auch muß an und für sich behauptet werden, daß ein Richter, welcher noch Mitglied der christlichen Gemeinde ist und bleiben will, einen Excommunicierten gar nicht zum Eide zulaßen dürfe, wovon nachher).

2) Alle und jede Theilnahme am öffentlichen Gottesdienst hört für den Excommunicierten auf, zumal die Theilnahme am Gebet.

3) Alle und jede Theilnahme an den Sacramenten, mögen dieselben innerhalb oder außerhalb des Kirchengebäudes verrichtet werden, hört für den Excommunicierten auf. Er darf weder bei dem heiligen Abendmal, und wäre es eine Krankencommunion, noch bei der heiligen Taufe zugegen sein, geschweige denn das heilige Abendmal genießen oder bei der heiligen Taufe eine Function (als sponsor, als Hebamme, als gebetener Gast d. h. Taufzeuge) versehen.

4) Alle kirchlichen Wolthaten und Ehren äußerlicher Art werden dem Excommunicierten unbedingt entzogen. Dahin gehört die Theilnahme an kirchlichen Stiftungen jeder Art, geschweige denn, daß er an der Verwaltung derselben irgend einen Anteil haben dürfte. Dahin gehört aber auch die Beteiligung der Kirche (Geistlichkeit, höhere und niedere, Schulen, Glocken) bei dem Begräbniß des Excommunicierten. Ohne sich selbst in das Gesicht zu schlagen, kann

diese Beteiligung einem Excommunicierten in keiner Hinsicht gewährt, dieselbe muß vielmehr auf das Strengste untersagt werden. Dieß gilt denn auch von dem Selbstmörder, welcher durch seine letzte Handlung sich selbst von der Vergebung der Sünden ausgeschloßen hat, welcher mit Absicht in seinen Sünden gestorben ist. Ein Solcher ist, auch wenn die Excommunication nicht über ihn ausgesprochen war, hinsichtlich dieses einzigen Actes, welcher in Beziehung auf ihn der Kirche noch möglich ist, einem Excommunicierten völlig gleich zu achten. Nur die Beschränktheit und Stumpfheit unserer sich christlich nennenden Welt und die elende Schwäche herabgekommener Pfarrer, die sich von dem Ausspruch kirchenfeindlicher Aerzte und Juristen „es habe Monomanie Statt gefunden" in niederträchtiger Weise imponieren laßen, hat die kirchliche Beteiligung bei dem Begräbnis von Selbstmördern zugelaßen. (Von der Versagung des kirchlichen Begräbnißes seiner Zeit besonders).

Dahin gehört selbstverständlich weiter die gänzliche Versagung kirchlicher Beteiligung bei der etwaigen Eheschließung Excommunicierter; es darf selbstverständlich weder eine kirchliche Anzeige des Verhältnißes eines Excommunicierten, noch Aufgebot, geschweige denn Einsegnung Statt finden.

5) Nach der Anordnung des Herrn und nach der apostolischen Vorschrift muß auch jeder nähere Verkehr der Kirchenglieder mit dem Excommunicierten aufhören; Matth. 18, 17. 2 Joh. 9—11. 2 Tim. 4, 15. 2 Theſſ. 3, 14. 1 Cor. 5, 11. Die Rückführung dieses Zustandes muß auf das Ernstlichste erstrebt werden, jedoch wie sich leicht von selbst begreift, nur durch Anwendung der einfachen Verkündigung des Gotteswortes, ohne fleischlichen Eifer, ohne lautes Geschrei und Drängen, und muß hierbei auf die natürlichen Verhältniße die gebürende Rücksicht genommen werden, wie dieselbe schon von dem kanonischen Recht (c. 103. C. XI. qu. 3. c. 110. XI. 3. c. 31. X. de sentent. exc.) genommen worden ist. Dieselben Verhältniße, welche das Corpus jur. can. in das Auge faßt, sind auch in der hessischen Ordnung der Kirchenzucht von 1539 berücksichtigt: „bürgerlicher Dienst und notwendige Hülf oder gemeinschaft welche die leut einander leisten von wegen der Gesipschaft oder Magschaft, oder zufälliges Zusammentreffen" sind durch die Excommunication

nicht ausgeschloßen. Willkürliche enge Beziehungen zu dem Excommunicierten zu unterhalten, muß jedoch mit Bestimtheit untersagt, und der Contraventionsfall mit kirchlichen Censuren belegt werden. Diese willkürlichen („unnötigen und unbeßerlichen") engen Beziehungen werden auch in der gedachten Ziegenhainer Kirchenzucht-Ordnung von 1539 ausdrücklich verboten.

Aus diesen Bestimmungen, zumal aus der letztgedachten, über das Abbrechen des Verkehrs mit dem Excommunicierten, hat sich der enge Zusammenhang entwickelt, in welchem bis zur Reformationszeit die Excommunication mit der bürgerlichen Acht stand. Eine christliche Obrigkeit kann selbstverständlich die Excommunication nicht ignorieren; sie muß, wie schon oben berührt, zumal die Zeugenfähigkeit und Eidesfähigkeit dem Excommunicierten aus dem bloß weltlichen Gesichtspunkt absprechen, weil derselbe für seinen Glauben also auch für seine Glaubwürdigkeit keinerlei Garantie mehr zu leisten im Stande ist; und eben so wenig kann sie demselben fidem publicam im Allgemeinen z. B. als Beamten zuschreiben. Es werden also unter jeder Obrigkeit, welche überhaupt nur noch den usus legis politicus handhabt, vollends aber unter einer christlichen Obrigkeit gewisse bürgerliche Nachteile mit der Excommunication verbunden sein. Die hessische Ordnung der christlichen Kirchenzucht schreibt dieß sogar ausdrücklich vor, freilich mißleitet von einer hier kaum zuläßigen Abschreckungstheorie: „Damit aber dieß Bannen der Kirchen die Leute mehr zur Furcht und Scham vor dem sündlichen lästerlichen Thun bewegt, ist die Oberkeit aus Vermög göttliches und kaiserliches rechts schuldig, keinen solchen Verächter der Kirchen und von Christo Verbanneten zu einigem ehrlichem Amt oder Thun zu gebrauchen". Aber die Kirche darf die Verhängung dieser Nachteile nicht als ein äußerliches Recht fordern; im Gegenteil hat sie bei Aussprechung des Bannes auf diese Nachteile nicht die mindeste Rücksicht zu nehmen — muß sie ja doch bedenken, daß die Ausschließung aus der kirchlichen Gemeinschaft schon eine Consequenz des Bannes ist, wie viel mehr nun bürgerliche Incommoda! Ihr muß es fest stehen, daß es sich einzig und allein um Behalten der Sünden handelt, und daß dieses Sündenbehalten in seinen Folgen alle weltlichen Folgen so weit überbietet, daß neben jenem erstem diese letzteren gänzlich verschwinden.

Eine Nebenform des Bannes ist das Interdict, welches bekanntlich darin besteht, daß in einer Gemeinde oder in einem Bezirk alle kirchlichen Handlungen untersagt und die Kirchen verschloßen werden. Das Interdict ist auch in der evangelischen Kirche üblich, und noch in der neueren Zeit selbst da, wo sonst geringe Erkenntnis vom Wort Gottes und von der Notwendigkeit und Rechtmäßigkeit der Kirchenzucht vorhanden war, von Kirchenbehörden, welche „sich nichts bieten laßen durften", als eine wenn schon in weltlichem Sinn verfügte, doch unentbehrliche und sich von selbst verstehende Maßregel gegen einzelne Gemeinden verhängt worden. Es tritt das Interdict ein, wenn grobe Scandala von einem Theile der Gemeinde verübt werden und die Gemeinde im Ganzen sich der Aergernisgeber annimmt und für sie eintritt. Derjenige Fall, welcher fast ausschließlich zum Interdict Gelegenheit gibt, ist Störung des Gottesdienstes durch die Gemeinde (wie z. B. eine ausgedehnte Rauferei während des Gottesdienstes, Weglaufen bei Bannverkündigungen u. dgl.), oder Schändung der Kirche (durch Prügeleien in der Kirche), welche Frevel dann von der Masse gut geheißen werden. — Dadurch ist jedoch das Interdict vom Bann verschieden, daß während des Interdicts der Pfarrer die Erlaubnis hat, mit den Einzelnen zum Behufe ihrer Zurückführung auf den rechten Weg geistlich zu verhandeln.

Aus dem Bisherigen ergibt sich, daß nur gegen eigentliche Sünden wider Gottes Wort mit dem Banne bzw. dem Interdict vorgeschritten werden dürfe. Die Praxis der katholischen Kirche, welche insbesondere neuerdings in der oberrheinischen Kirchenprovinz (Baden und Nassau) wieder aufgetaucht ist, wegen äußerer Ordnungswidrigkeiten sofort mit dem Banne einzuschreiten (z. B. diejenigen mit dem Banne zu belegen, welche Kirchenländereien, deren Verwaltung die Staatsbehörde sich, allerdings mit Unrecht, angemaßt hat, von dieser, anstatt von der Kirche pachten u. dgl.) kann niemals die Praxis der evangelischen Kirche werden. Damit würde sie ihre äußere, zeitliche Erscheinung (ihr irdisches Eigentum) mit dem Reiche Gottes identificieren. Wird wegen Kirchenraubs etwa einmal der Bann ausgesprochen, was allerdings möglich, doch niemals an und für sich rätlich ist, so geschieht dieß nicht um des Eigentumes der Kirche, sondern um der schweren Sünde willen.

Zweiter Abschnitt: **Vom kleinen Bann.**

Der kleine Bann besteht in der temporären Ausschließung von der Theilnahme an den Sacramenten, zumal von dem Genuße des heiligen Abendmals, weshalb der kleine Bann auch den Namen Sacramentssperre führt. Es ist das Temporäre das Wesentliche des kleinen Bannes, indem derselbe überall nur mit Rücksicht auf die vorhandene oder mit Aussicht auf die zu erwartende Bereitwilligkeit des Sünders zur Reue, Buße und zum Empfang der Sündenvergebung verhängt wird, mithin entweder (in verhältnißmäßig kurzer Frist) eben zur Reue und Absolution, oder zu weitern kirchendisciplinarischen Maßregeln, bzw. zum großen Bann hinführt und hinführen muß. Der kleine Bann wird ausgesprochen, wenn der Pfarrer zur Zeit noch keine wahre Reue, zumal noch keine erprobte (durchgreifende, dauernde) Reue in dem Sünder erkennt, also die Absolution auch zur Zeit noch nicht erteilen kann, folglich weiter auch nicht zulaßen darf, daß von einem Solchen das heilige Abendmal empfangen werde, weil er dasselbe sich nur zum Gericht empfangen würde. Durch die Zurückweisung von den Sacramenten, zumal vom heiligen Abendmal soll aber allerdings zugleich das Bedürfniß der Sündenvergebung, mithin auch die Reue selbst erweckt werden. Es ist mithin die Sacramentssperre doppelseitig: sie ist eines Theils eine seelsorgerische, andern Theils eine eigentlich kirchendisciplinarische Maßregel. Sie muß in Anwendung kommen gegen alle Vergehen, welche manifesta et publica sind, 1 Cor. 5, 11 genannt werden, und später von uns noch besonders erörtert werden sollen, insofern nicht etwa alsbald mit dem großen Bann vorgeschritten werden müßte, kann aber auch in Anwendung kommen bei Vergehungen, welche nicht offenbar geworden sind, bei verborgenen, ja bei eigentlich geheimen Sünden.

Da die Sacramentssperre ein Mittel innerhalb der Kirche sein soll, Buße zu erzeugen, so ist mit derselben, im geraden Gegensatze gegen den großen Bann eine unausgesetzte geistliche Arbeit an der Person, welche dem kleinen Bann unterliegt, notwendig und unerlaßlich verbunden, und muß diese Arbeit bis dahin fortgesetzt werden, daß entweder aufrichtige Reue ($μετάνοια\ ἀμεταμέλητος$) oder offenbare Renitenz, welche zur Vorbereitung des großen Bannes führt, eingetreten ist. Es darf deshalb der Pfarrer solche Personen auf keinen Fall länger als eine Woche ohne geistlichen Zuspruch laßen (wobei es in solchen Kirchenkörpern, in welchen Kirchenälteste mit der Mithandlung der Kirchenzucht beauftragt sind, selbstverständlich zugelaßen werden kann, daß dieser Zuspruch von einem Kirchenältesten bewirkt werde), nach Befinden aber muß weit öfter mit solchen Personen gehandelt werden.

Daraus ergibt sich dann weiter, daß die Sacramentssperre sich, genau genommen, nur auf eine Abendmalsfeier beziehen kann, also, wenn regelmäßig Distribution des heiligen Abenmals, d. h. sonntägliche, Statt findet, den Zeitraum von zwei Wochen nicht überschreiten darf. In Gemeinden wo das heilige Abendmal seltener ausgeteilt wird, muß sich freilich die Sperre nach dieser Distributionszeit richten, aber es muß dann auch um so strenger darauf gehalten werden, daß die Sperre nur für eine einzige Abendmalsfeier gelte (zumal da, wo im Jahr nur 2mal das Abendmal dispensiert wird, wie bei weitläufigen Kirchenspielen z. B. in Heßen leider gar oft der Fall ist). Ist der erste Termin der Abendmalsfeier fruchtlos für die Reue und Bekehrung des Sünders vorübergegangen, und Aussicht vorhanden, daß auch bis zum zweiten Termine (nach 4 Wochen, ¼ Jahr oder ½ Jahr) der bisherige reuelose Zustand des Sünders noch fortdauere, so muß zeitig weitere Vorkehrung (durch Bericht an die Kirchenbehörde Behufs der von dieser zu bewirkenden Vornahme der Vorbereitungen auf den großen Bann) getroffen werden. Dauert die Sacramentssperre länger, als 2—4 Wochen, so ist es unerläßlich, daß nicht allein regelmäßig mit dem Intercludierten gehandelt werde (Seitens des Pfarrers und der Senioren) sondern auch daß für den Intercludierten von Seiten der Gemeinde öffentlich gebetet werde. Am dringensten wird dieß gefordert, wenn sich Renitenz bei dem Excludierten zeigen und die Aussicht vorhanden sein sollte, es werde zum großen Banne mit ihm kommen, weswegen die Kirchenbehörde mit der Vorkehrung zum großen Bann die Anordnung öffentlicher Gebete für den in Gefahr der Excommunication Stehenden notwendig treffen muß. (1, 2, 3mal ohne Namen und mit Namen). Mit den Verwarnungen, die dem großen Bann vorausgehen, muß jedenfalls wenigstens diese öffentliche Fürbitte verbunden werden.

Hierbei ist vorausgesetzt, daß die Sacramentssperre durch den einzelnen Pfarrer auf seine Verantwortung vollzogen werden dürfe. Dieses Recht sprechen den Pfarrern auch fast alle evangelischen Kirchenordnungen, u. a. mit völliger Bestimmtheit die hessischen zu; es versteht sich dasselbe aus dem Wesen der Absolution so von selbst, daß es eigentlich gar keiner Erörterung bedürfte, ob dem einzelnen Pfarrer dieses Recht zustehe oder nicht; kann der Pfarrer dem Einzelnen die Absolution verweigern, so kann, so muß er derselben Person der er sie verweigert auch den Zutritt zum Sacrament des Altars verweigern; in der katholischen Kirche und überall wo die Privatbeichte noch in Uebung ist, versteht sich dieses Recht des Pfarrers ganz von selbst*).

---

*) Die Stellen der hessischen Kirchengesetze, welche dem Pfarrer das gedachte Recht zusprechen (nach der hessischen Kirchenverfassung: dem Pfarrer allezeit mit Beirat der Kirchenältesten), sind: Ziegenhainer Ordnung der christlichen Kirchenzucht 4, wo vorgeschrieben wird, es sollen die Aeltesten sogar diejenigen, welche in bürgerliche Strafe wegen Mords und Ehebruchs (also wegen Sünden welche schon den großen Bann nach sich ziehen können) verfallen und von ihrem Fall wieder aufgestanden sind, zu ernstlicher Buße und zur Genugthuung gegen die Kirche mit den Werken wahrer Buße, zur Beweisung wahrer Reue, vermahnen und während dieser Zeit bis sie der Kirche genug gethan, des Tisches des Herrn heißen müßig gehen (R. S. 293ᵃ). Eben so sagt die Presb. Ordnung vom 1. Febr. 1657 Tit. IV, 9 Satz 11. „Im Fall aber einer alle Ver„mahnung mutwillig und halsstarrig verachten und in Lastern verharren würde, „sollen die Aeltesten solchen ärgerlichen Menschen vermöge des Wortes Gottes „von den heiligen Sacramenten freundlich und mit christlicher Bescheidenheit, bis „er rechte ernstliche Buße verheißet und erzeiget, abmahnen, damit die Entheiligung „der Sacramente so viel möglich verhütet und das Aergerniß in der Gemeinde „nicht größer werde. Wenn aber ein solcher vom Gebrauch der heil. Sacramente „Abgewiesener dieses auch nicht achten" etc. sollte, so soll die Vorbereitung zum großen Bann erfolgen; — man sieht daraus, daß hier von einer eigentlichen wirksamen Abweisung vom Sacrament, nicht einem bloßen „guten Rat" (wie diejenigen diese Stelle verstehen, welche überall keine Kirchenzucht wollen) die Rede ist. Eben so Ref. O. von 1656 c. 9 am Schluß (gegen Gotteslästerer und Säufer). Auf jene Stelle der Presb. O. bezieht sich denn auch der Schluß des c. 10 der Kirchenordnung vom 12. Juli 1657 (von der Vorbereitung zum Abendmal). Und in der Consist. Ordnung vom 12. Juli 1657 wird dem Consistorium im Gegensatz gegen alle niedern Disciplinarmittel lediglich „der geistliche Bann und Excommunication" vorbehalten, so daß es sich von selbst versteht, es dürfe und müsse der kleine Bann von dem „Kirchenamt" (Pfarrer und Senioren) ausge-

Hier hat nun theils der in der evangelischen Kirche eingebrochene Subjectivismus, theils aber auch die in die Kirchenverwaltung wider alles Recht eingedrungene weltliche Büreaukratie eine heillose Verwirrung angerichtet. Der Subjectivismus: der Pfarrer sah sich bei dem fast gänzlichen Mangel an allem geistlichen Kirchenregiment als völlig unabhängig und selbständig an, und zwar unabhängig und selbständig nicht etwa nur in geistlicher Beziehung sondern auch in weltlicher Hinsicht — er betrachtete sich wie einen der Gemeinde gesetzten Beamten, gesetzt zum Herschen über die Gemeinde: es war Independentismus in seiner rohesten Form, aber allerdings Consequenz der nach und nach eindringenden Ansicht, als sei der Pfarrer eben kein im Namen Christi und im Zusammenhang mit der ganzen Kirche gesetzter Vergeber der Sünden, sondern ein Prediger und äußerlicher Ordner eben nur für diese Gemeinde. Da wurde denn nicht das Amt der Sündenvergebung sondern die zeitliche Person des Pfarrers der Gemeinde gegenüber herausgekehrt, und es kam schon am Ende des 17. Jahrhunderts dahin, daß die Pfarrer die Sacramentssperre als ein rein weltliches Zwangsmittel brauchten, z. B. um für das Militär Deserteure einzufangen, und sich hiermit den Herrn Kriegsobersten gefällig zu machen oder um das Erscheinen vor Gericht dadurch zu erzwingen, und sich hiermit die Herrn Beamten zu verpflichten, oder gar (was nur zu oft geschehen ist) um Pfarrzinsen und Pfarrpachtgelder einzutreiben, oder endlich sogar um Beleidigungen (wahre und vermeintliche) gegen den Pfarrer zu rächen. Dafür gibt in Hessen die Verordnung statt gemeinen Ausschreibens vom 1. Febr. 1726 in c. V. einen nur allzu traurigen Beleg, und es wurde deshalb an der eben bezeichneten Stelle vorgeschrieben, die Pfarrer sollten „in zweifelhaften Fällen" an das Consistorium wegen der Sacramentssperre berichten. Was das für Fälle seien, bleibt freilich bei der höchst unklaren Fassung der gedachten Verordnung selbst zweifelhaft, doch wurde immerhin noch der Grundsatz, daß die Sacramentssperre von den Pfarrern ausgehe, durch diese Phrase anerkannt.

Damit war denn der Weg für die weltliche Büreaukratie zur

---

sprochen werden. Und noch in einem Kasselischen Consist. Rescript vom 25. Merz 1725 (L. O. III, 963 Ledderhose S. 136) wurden die Pfarrer bestimt angewiesen, offenbare Sünder nicht zum Abendmal zu lassen.

Einmischung in die innere Verwaltung der Kirche auf diesem unserm Gebiete hinreichend angebahnt. Man meinte nach und nach, die Kirche habe gar keine Disciplin zu üben (sie sei eine bloße Redeanstalt, höchstens ein Zuredeinstitut und Ermahnungsinstitut), sondern alle Strafgewalt gehe vom Staate aus (was ganz richtig ist, wenn die Kirche wirklich keine Sünden vergeben und behalten, sondern die Vergebung und Behaltung nur ankündigen kann), und die Kirche behalte davon nur eben so viel, wie die weltliche Gewalt ihr gnädigst laßen wolle. In Hessenkassel wurde dieser Weg beschritten kurz nach dem Regierungsantritt des Landgrafen Wilhelm IX., indem ein Consistorial-Ausschreiben vom 9. September 1786 nach dem Muster der schon damals gänzlich verkommenen Hanauischen Kirche die öffentliche Kirchenbuße aufhob, ohne jedoch hierbei auf die eigentlichen Grundsätze der Kirchenzucht einzugehen. Es ist deßhalb dieses Ausschreiben ein wahres Muster von Unklarheit. Der Bann wurde durch dasselbe nicht aufgehoben, wie der Wortlaut der betreffenden §§ zeigt (wie die Unkunde oder die Präoccupation gegen den Bann oft gemeint hat, auch Pfeiffer § 621. Anm. b), aber die Sacramentssperre, wenn auch wieder nicht mit unzweifelhaft klaren Worten, dem Consistorium vorbehalten (die Stelle, wo von der „Verbietung der Sacramente, durch welche[!!] von der Gemeinde ausgeschloßen werde" die Rede ist, bezieht sich dem Zusammenhang nach auf den großen Bann), und, was weit schlimmer ist, es wurde den Pfarrern vorgeschrieben, diejenigen Personen, welche einer öffentlichen Sünde sich schuldig gemacht haben, ohne darin zu beharren, und nun zum heiligen Abendmal gehen wollen, NB. ohne Zuziehung der Kirchenältesten zu erinnern, daß sie sich des Sacraments, so lange sie im unbußfertigen Stande seien, freiwillig zu enthalten hätten, sie zur Buße wolmeinend zu ermahnen, und dann, falls nur Beßerung versprochen worden, auf ihr eigenes Gewißen und ihre Verantwortung zum Genuße des heiligen Abendmals zuzulaßen. Damit war indirect der kleine Bann gänzlich abgeschafft, jedenfalls den Pfarrern unmöglich gemacht, ja es war damit die Kirchenzucht von Grund aus wo nicht zerstört, doch erschüttert. Hiermit wurden die Pfarrer officiell zu bloßen weltlichen Zurednern und Ermahnern degradiert. Da jedoch ein Consistorialausschreiben den alten kirchlichen Gesetzen nicht ohne Weiteres derogieren kann,

und nur die Abschaffung der öffentlichen Kirchenbuße auf landes=
herrlicher Entschließung beruht, alles Andere in diesem Ausschreiben
aber Zuthat des Consistoriums zu Kassel ist, um jene Entschließung
in der Meinung des Consistoriums ausführbar zu machen, so wird
jede Kirchenbehörde die Befugnis haben, die älteren Anordnungen
wieder in Kraft zu setzen und den Pfarrern die ihnen gebürende
Berechtigung zur Verhängung der Sacramentssperre zurückzugeben,
da sich ja ohnehin die Sacramentssperre von der Seelsorge gar nicht
trennen läßt, auch in den meisten Fällen, wenn sie wirksam sein
soll, augenblicklich verhängt werden muß (so daß zur Anzeige und
Anfrage bei dem Consistorium und zu dessen Rückantwort gar keine
Zeit bleibt).

Dritter Abschnitt: Von der Reconciliation.

Die öffentlichen Sünden, auf welche der große und der kleine
Bann erfolgt, bieten (nach dem was gleich Eingangs dieser unserer
Vorlesung gesagt worden ist) eine doppelte Seite dar. Einmal muß
die Sünde an Christi Statt vergeben werden, und dazu gehört
Reue und Buße, so wie die Erprobung derselben. Sodann aber ist
durch eine solche Sünde auch die Gemeinde geärgert worden, und
es muß deshalb die Sünde vor der Gemeinde als ein gegen dieselbe
begangenes Aergernis bekannt werden, damit die Gemeinde den
Aergernis Gebenden wiederum als ihr Glied betrachten könne.
Letzteres ist entweder nur als Folge des ersteren aufzufaßen oder
als Vorbedingung desselben; identisch sind beide Dinge nicht.
Die Reconciliation mit der Gemeinde als Folge der Reconciliation
mit Gott aufzufaßen, hat das für sich, daß, wenn überhaupt eine
Störung des Verhältnisses zur Gemeinde durch eine Störung des
Verhältnisses zu Gott eingetreten ist, selbstverständlich auch die letztere
erst geheilt werden muß, ehe die erstere geheilt werden kann; nun
aber ist wirklich die Ausschließung aus der Gemeinde nur eine
Folge der nicht vergebenen Sünde, also müßte erst die Sünde ver=
geben, die Absolution erteilt sein, ehe die Gemeinde sich darauf ein=
laßen darf, den Sünder als zu sich gehörig wiederum anzusehen.
Die umgekehrte Ansicht, die Reconciliation mit der Gemeinde als
Vorbedingung zur Absolution zu betrachten, scheint dagegen daraus
entsprungen zu sein, daß ein Sündenbekenntnis vor der Gemeinde,

eine öffentliche Demütigung vor derselben, als mit zur Erprobung und Bewährung einer wirklichen Buße gehörig, ja als das eigentliche Hauptstück dieser Bewährung betrachtet wurde und wirklich mit gutem Recht betrachtet werden kann. Dafür spricht auch die Stelle 2 Cor. 2, 10 ᾧ δέ τι χαρίζεσθε, καὶ ἐγώ· καὶ γὰρ ἐγὼ ὃ κεχάρισμαι, εἴ τι κεχάρισμαι, δι' ὑμᾶς ἐν προσώπῳ Χριστοῦ. Hier geht die Vergebung Seitens der Gemeinde in Folge der von derselben geübten ἐπιτιμία offenbar der von dem Apostel in Christi Namen gewährten Vergebung voraus. So ist auch die Auffaßung in der christlichen Kirche fast durchgängig: die Pönitenz, Kirchenbuße, wird angesehen als eine äußere Probe für die Warhaftigkeit und Ernstlich= keit der innern, Gott zugewendeten Buße. So war ursprünglich der kleine Bann identisch mit den vier Stufen der Pönitenzen 1) πρόκλαυσις, fletus (Stehenbleiben in Bußkleidern außen vor der Kirche), 2) ἀκρόασις, auditio (Zulaßung zur Kirche, jedoch nur an einem abgesonderten Ort, um die Vorlesung der heiligen Schrift, der Homilie, mit anzuhören); 3) ὑπόπτωσις, genu= flexio, substratio (Niederfallen oder Niederknieen, wobei über sie gebetet wurde), 4) σύστασις, consistentia (Zusammenstehen mit den Gläubigen um den Altar zum Gebet). Während dieser Proceduren war eine Ausschließung aus der Kirchengemeinschaft durch= aus nicht vorhanden (wie auch die Zulaßung zur Kirchenandacht zeigt), wol aber waren die Pönitenten während dieser Pönitenzen von dem heiligen Abendmal ausgeschloßen. Erst wenn die systasis bestanden war, erfolgte die Absolution und die Zulaßung zum heiligen Abendmal.

So war denn auch für öffentliche Vergehen, welche nur erst dem kleinen Bann verfallen waren, das Institut der öffent= lichen Pönitenz (Kirchenbuße) vorgeschrieben, ein Institut welches in der ganzen evangelischen Kirche in ziemlich gleichen Formen recht= lichen Bestand hatte, und in der hessischen Gesamtkirchenordnung vom 20. Juli 1573 so wie in der hessenkasseler Kirchenordnung vom 12. Juli 1657 c. 18 umständlich vorgeschrieben ist, aber in Hessen= kassel durch das Consistorial=Ausschreiben vom 9. September 1786 aufgehoben wurde, wie es zu gleicher Zeit fast überall in der evange= lischen Kirche theils durch ausdrückliche Vorschriften Beseitigung fand, jedenfalls überall aber außer Gebrauch kam. Die Kirchenbuße ist nach den bestimten Declarationen der meisten evangelischen Kirchenordnungen, zumal der hessischen, nichts anderes als eine öffentlich abgelegte Beichte und eine öffentlich erteilte Absolution. Daß die öffentliche Kirchenbuße auch für solche Vergehen bzw. Personen vorgeschrieben wurde, welche noch nicht mit dem großen Bann belegt waren, ist freilich der ältesten kirchlichen Praxis gemäß, nicht aber der Ziegenhainer Kirchenzuchtordnung von 1539. Diese letztere nennt nämlich als Vergehungen auf welche (nach vorausgegangener Ermahnung und Warnung) der große Bann folgen soll „falsche Lehre, die dem wahren Verstand göttlicher Schrift, wie wir denn in der Confession zu Augsburg Kaiserlicher Majestät überantwort haben, entgegen ist", Gotteslästerung, unchristliches Familienleben, Ungehorsam gegen Eltern und Obrigkeit, unversöhnlicher Haß, Verleumdung, Betrug und Wucher, öffentliche Unzucht, viehische Unmäßigkeit im Essen und Trinken; — und die Kirchenordnung von 1657 nennt als Gegenstände der Kirchenbuße dieselben Vergehen: Gotteslästerer, Hurer, Ehebrecher, Vollsäufer, Kinder so ihre Eltern schlagen, mutwillige Verächter Gottes und seines heiligen Wortes und der heiligen Sacramente, wie auch alle Unversöhnliche und Unbußfertige. Nach der wenn auch unausgesprochenen Absicht der Ziegenhainer Kirchenzuchtordnung sollte also erst der große Bann, und als Reconciliation von diesem die Kirchenbuße erfolgen; nach den bestimten Worten der Kirchenordnungen von 1573 und 1657 aber soll jedenfalls schon auf diese Vergehen Kirchenbuße folgen und erst wenn diese verweigert wird, der große Bann ausgesprochen werden. Es wäre zu wünschen gewesen, daß die Kirchenordnungen von 1573 und 1657 sich an die Regeln der Ziegenhainer Kirchenzuchtordnung gehalten hätten; es würde dann die Kirchenbuße wol schwerlich in den Miscredit gekommen sein, in den sie successiv geriet. Nach den Vorschriften der Kirchenordnungen, der hessischen sowie der meisten andern, mußte nämlich jeder einzelne Fall der obgedachten Sünden mit öffentlicher Pönitenz behandelt werden; das geschah nun nicht, weil sonst fast an jedem Sonntage, gewiß an jedem Sonntage, an welchem auf dem Lande Abendmal gehalten wurde (an einem solchen Sonntag sollte die Kirchenbuße vorzugsweise vorgenommen werden) ein Fall oder wol in der Regel sogar mehrere mit der Kirchenbuße zu behandeln gewesen wären. Man ließ die Vollsäufer, die Unversöhnlichen, auch wol die bösen Kinder und sogar die Verächter des göttlichen Wortes und der Sacramente leider je mehr und mehr frei ausgehen, und so blieb die öffentliche Kirchenbuße allein auf den Fornicanten, zumal auf den unehelich geschwängerten Dirnen haften. So wurde die Kirchenbuße verächtlich (Erhard Hegenwalds Lied: Erbarm dich mein o Herre Gott [Ps. 51], welches bei diesen Acten gesungen zu werden pflegte, hieß schon im Anfang des 18. Jahrhunderts, wo nicht früher, das Hurenlied), gehässig und lächerlich. Es waren das die Folgen des rohen in die Kirche eindringenden eudämonistischen Spiritualismus (Rationalismus), der keine andern Sünden mehr kannte, als Fleischesvergehen.

Daß in allen Fällen, in welchen der kleine und der große Bann ist angewendet worden, Proben der Aufrichtigkeit der Reue der Absolution vorausgehen, ist durchaus notwendig; es ist auch notwendig, daß wo die crimina *publica* et *manifesta* sind, diese Proben öffentlich abgelegt und vor der geärgerten Gemeinde das Bekenntnis des gegebenen Aergernisses ausgesprochen, demnach auch die Absolution öffentlich empfangen werde. Eine Wiedereinsetzung in den vorigen Stand im strengsten Verstande des Worts ist in der That nur durch öffentliche Buße und Absolution möglich, aber dafür auch so, daß mit der Ablegung der Kirchenpönitenz alles Nachtragen der Sünden, heimlicher und öffentlicher Klatsch, alles Richten und Beßerdünken wie mit einem einzigen Schnitte abgethan wird. Dem Ernst wie der Liebe des Gemeindelebens thut die Kirchenbuße, wenn sie richtig gehandhabt wird, den allergrößten Vorschub*). Abgeschafft durfte die Kirchenbuße nicht werden, wenn man sie auch modificierte und etwa auf die Reconciliation vom großen Bann in Gemäßheit der Ziegenhainer Kirchenzuchtordnung beschränkte. Unter dieser Voraussetzung ist das Formular der

---

*) Ein freilich grelles Beispiel mag dieß beweisen. Am 20. Januar 1640 that in der Unterneustädter Kirche zu Kassel der erste Pfarrer derselben, M. Justus Soldan samt seiner 2. Ehefrau, Elisabeth geb. Jungmann verwittwete Thalmüller, öffentliche Kirchenbuße (das Formular ist noch vorhanden); derselbe Soldan wurde nachher 1. Pfarrer der Altstadt, später Decan zu St. Martini, und ist als solcher gestorben 1677.

Kirchenbuße, wie dasselbe in den Kirchenordnungen von 1573 und 1657 enthalten ist, ein vortreffliches Muster.

Vor allem ist es nun jetzt die Aufgabe, die **Privatcensur**, welche in Hessen durch das Consistorialausschreiben vom 9. September 1786 an die Stelle der Kirchenbuße getreten ist, 1) auf alle in der Kirchenordnung c. 18 genannten Fälle (übrigens gemäß dem Consistorial-Ausschreiben selbst) zu erstrecken, und nicht etwa auf die Fornication zu beschränken; 2) dieser Privatcensur den Charakter zu geben, welchen sie als Sündenbekenntnis, als Probe aufrichtiger Reue und als Absolution haben muß. Vorausgesetzt wird hierbei ein für allemal, daß jene Fälle dem kleinen Bann unterliegen.

Für die erste dieser Aufgaben ist Furchtlosigkeit und Festigkeit des Pfarrers unerläßliche Bedingung. Wer an Prosopolepsie leidet, taugt überhaupt nicht zum Pfarrer, am wenigsten um Kirchenzucht zu üben, wie sie zum Segen der Kirche gereicht — gerade das vorher erwähnte Beschränken der Kirchenbuße auf die gefallenen Dirnen ist eine warhaft niederträchtige Prosopolepsie. In allen jenen Fällen (übrigens die Unzucht nicht ausgeschloßen) hat der Pfarrer nicht nur nicht selten sondern oft gerade hauptsächlich die Koryphäen seiner Gemeinde zu Objecten der Kirchenzucht (reiche Bauern, Gemeindebeamte, Staatsdiener). An diesen muß der Pfarrer sich nicht etwa auch, sondern **ganz besonders und zunächst** versuchen, und ein in Gottes Wort feststehender, mit Gott und nicht durch sein Fleisch eifriger, wenn auch noch so junger Pfarrer richtet allezeit **etwas** aus (wie vor kurzem ein bloßer Vicar gegen den Grafen von Pückler-Limpurg im Würtembergischen), vielleicht **alles**.

Für die zweite Aufgabe ist erforderlich

1) daß der ärgerliche Mißbrauch, für die Privatcensur von den Fornicanten Stolgebühren zu erheben, gänzlich abgeschafft werde. (In Hessen ist dazu ein guter Anfang gemacht worden).

2) daß der Pfarrer die Einsicht in die Sünde als solche bei dem Pönitenten erzeuge. Dieß ist nicht leicht. Hier darf sich mit einem bloßen Ja als Antwort auf die Fragen: erkennst du deine Sünde? und: ist sie dir leid? nicht begnügt werden. Es ist mit möglichster Genauigkeit danach zu fragen, ob die Sünde aus dem Worte Gottes als Sünde erkannt werde. Hier ist nun das Geringste, was der Pfarrer verlangen kann, das, daß der

Pönitent die Stellen der heiligen Schrift, durch welche die betreffende Sünde als solche gekennzeichnet, und durch welche die Strafe der Sünde gedrohet wird, kenne und selbständig zu recitieren vermöge. Ehe dieß nicht geschieht, darf die Absolution nicht erteilt werden. Zu dem Ende sind unwißende Pönitenten anzuhalten, zu gelegener fest zu bestimmender Zeit wieder zu erscheinen, um die Schriftstellen zu recitieren.

3) daß der Pfarrer die Erkenntnis der Sünde bei dem Pönitenten erzeuge. Dieß ist noch schwerer. Das Geringste, was hier gefordert werden muß, ist, daß der Pönitent seine Sünden mit Namen nenne nach der heiligen Schrift, und nicht bloß nachspreche, was ihm vorgesprochen wird. Der Pfarrer darf sich nicht täuschen laßen durch die $\lambda \dot{v} \pi \eta$ $\tau o \tilde{v}$ $\kappa \acute{o} \sigma \mu o v$, welche zumal in auffallenden Fornicationsfällen mit Scham und bittern Thränen zu Tage tritt: es ist Scham vor der Welt und vor den Folgen der Sünde, nicht Scham vor Gott. (Deshalb darf auch der Pfarrer nicht zulaßen, daß die Pönitenten Abends in der Dunkelheit ungesehen zu ihm kommen; es ist der helle Tag erforderlich). Bis diese Erkenntnis und die aus der Sünde erfolgende Reue ($\lambda \dot{v} \pi \eta$ $\varkappa \alpha \tau \acute{\alpha}$ $\tau \grave{o} \nu$ $\vartheta \varepsilon \acute{o} \nu$) erzeugt ist, darf die Absolution nicht erteilt sondern es muß der Pönitent aber und abermal vorbeschieden werden.

4) Der Pfarrer muß versichert sein, daß Vergebung der Sünde bei Gott gesucht und begehrt werde. Dazu ist meist eine längere Verständigung über die Absolution nötig, und nimmt allein dieser Punkt notwendig und an und für sich mehrere Unterredungen mit dem Pönitenten in Anspruch, ganz abgesehen von den oben erwähnten Punkten. Alles muß mit Ruhe und Gemeßenheit die aus christlicher Liebe und aus dem Bewußtsein des Amtes der Sündenvergebung welches man führt, fließt, verhandelt werden. Neophyten sind ganz besonders gegen heftige Erregungen, seien dieselben Erregungen des Mitleids, der Ungeduld oder des $\vartheta v \mu \acute{o} \varsigma$, zu warnen.

5) Ist das eben Bezeichnete vollständig erreicht, so muß die Absolution formell, nach Vorschrift der Kirchenordnung c. 18 gesprochen werden*).

---

*) Da in vielen Gegenden Hessens die durch das Consistorial-Ausschreiben vom 9. September 1786 verlangte Abwesenheit der Kirchenältesten bei diesen

Die Reconciliation vom großen Bann erfordert ein umständlicheres Verfahren, zumal so lange die öffentliche Pönitenz noch nicht wiederhergestellt ist. Selbstverständlich kann diese Reconciliation vom großen Bann nicht von den einzelnen Pfarrern selbständig verfügt oder gar vollzogen werden; hierzu ist die Anweisung der Behörde erforderlich, welche den großen Bann aufzulegen ermächtigt ist. Nur wer gebannt hat, kann lösen. Im Allgemeinen möge hierüber nur Folgendes bemerkt werden:

Die Pönitenzzeit für die Rückkehr aus dem großen Bann in die Kirchengemeinschaft darf nicht zu kurz bemeßen werden. Es gehört hierzu wenigstens die Zeit von drei Monaten (in ältern Zeiten wurden dazu nicht ganz selten Jahre angesetzt), binnen welcher Zeit die Aufrichtigkeit des Verlangens der Rückkehr in die Kirche sehr ernstlich und genau geprüft werden muß. In vielen Fällen hat die Vermeidung bürgerlicher Nachteile den größten Anteil an diesem Verlangen, und wenn auch in unsern Zeiten, wo die christliche Erkenntnis kaum erst im Erwachen ist, dieser schwachen Erkenntnis einigermaßen Rechnung getragen werden kann, in manchen Fällen getragen werden muß, so ist es doch erforderlich, daß man sich sehr genau informiere, ob nicht bloß die irdischen Nachteile (z. B. keinen Eid schwören zu können) jenes Verlangen erzeugt haben. Zumal ist große Vorsicht in articulo mortis anzuwenden. Manche im Banne befindliche Personen werden nämlich (oft durch ihre Umgebung) mit der Versagung des christlichen Begräbnisses auf dem Todbette geschreckt, und nun wird der Pfarrer gerufen, während der Sterbende schon fast ohne Besinnung ist und von dem Hinwegthun des Aergernisses, durch welches der Bann veranlaßt worden, gar noch keine Rede ist. Es gehören also hierzu regelmäßig angeordnete und nach Maßgabe des den Bann veranlaßt habenden Vergehens speciell einzurichtende (vorzuschreibende) Unterredungen mit dem Pfarrer, auch wol dem Metropolitan; es ge-

---

Acten gar nicht durchgedrungen ist, vielmehr es die Regel bildet, daß die Kirchenältesten bei denselben (sogar bei den Censuren welche propter anticipatum concubitum in honorem matrimonii vorgenommen werden) gegenwärtig sind, so kann man sehr füglich bei diesem letzten Act die Kirchenältesten anwesend sein laßen; nötig ist es nicht.

hören dazu Gehorsamsproben z. B. Erlernung der betreffenden Schriftstelle in längerer Folge und öfterer Wiederholung.

Zwei Beispiele aus dem wirklichen Leben mögen anstatt aller weitern theoretischen Ausführung die hier einschlagenden Regeln des Verhaltens für die Kirchenbehörden wie für die Pfarrer, desgleichen für den clerus minor deutlich machen.

Eine Dirne wird von der betreffenden Verwaltungsbehörde in ihre Heimat geschoben, aus welcher sie nach den amtlichen Mitteilungen der gedachten Behörde seit 10 Jahren fast unausgesetzt abwesend gewesen ist; nach denselben Mitteilungen hat sie seit dieser Zeit der venus vulgivaga in der scheußlichsten Weise gedient, übrigens auch 5 uneheliche Kinder geboren. Es ist kein Zweifel, daß gegen diese Person an und für sich der große Bann unverweilt anzuwenden ist; doch wird die Androhung desselben in Berücksichtigung ihrer langen Abwesenheit und vorauszusetzenden Unkenntnis aller kirchlichen Ordnung mit der Anweisung für sie verbunden, sich unverweilt bei dem Pfarrer zu stellen, um von ihrem Wandel sowie von ihren Kenntnissen im Christentum Rede zu stehen, und der Pfarrer wird angewiesen, hiervon genaue Relation zu erstatten. Die Person stellt sich, und es findet sich, daß die Lust zur Sünde noch keineswegs erstorben, die Kenntnisse im Christentum aber so gering sind, daß nicht einmal der Katechismus gewußt wird, und das Lesen sogar hat Schwierigkeit. Jetzt wird angeordnet, daß die Person dreimal wöchentlich bei dem Pfarrer (wohin sie ½ Wegstunde zu gehen hat) und viermal wöchentlich, jedesmal zu einer von dem Pfarrer anzusetzenden Stunde, bei dem Kirchenältesten bzw. dem Schullehrer ihres Heimatsorts erscheinen und sich den Katechismus, sowie Psalm 51 (nebst einigen andern Sprüchen welche auf ihr Lasterleben Beziehung haben) abhören laßen soll. Von der pünktlichen Erfüllung dieser Vorschriften wird das weitere Verfahren abhängig gemacht, einstweilen aber nur der kleine Bann, jedoch mit der Auflage des pünktlichen Kirchenbesuchs am Vormittag und Nachmittag des Sonntags, gegen sie ausgesprochen und ihr dieß, so wie eine specielle Androhung des großen Bannes im Fall des geringsten Ungehorsams, verkündigt. Da das Lesen schwer fällt, so bekommt der clerus minor ihres Heimatsorts den Auftrag, ihr die betreffenden Lernstücke vorzusprechen. Diese Beschäftigung mit den Elementen wird voraussichtlich zwei Monate dauern; nach erfolgreichem Ablauf derselben würde nun eine weitere abermals zweimonatliche Unterweisung in der Buße folgen, und falls auch in diesen 2 Monaten pünktlicher Gehorsam geleistet und ein Erfolg erzielt wird, kann die Absolution erfolgen. Aber die Person hält diese Procedur nur die ersten drei Wochen aus; sie entfernt sich am Ende der 3. Woche förmlich und begibt sich abermals auf die lüderliche Landstreicherei. Jetzt wird ohne weitern Aufschub, sobald dieß von dem Pfarrer berichtet wird, die Excommunication ausgesprochen und von dem Pfarrer feierlich verkündigt. Nach Verlauf eines Jahres erscheint diese Person abermals in ihrer Heimat; es wird ihr bekannt gemacht, daß sie von der Kirchengemeinschaft ausgeschloßen sei, und man sich weder im

Leben noch im Tode um sie bekümmern, vielmehr sie der ewigen Verdammnis überlassen werde. Dieß wirkt und der Geist Gottes, freilich zum Theil durch das Mittel der leiblichen Not, treibt sie, um Wiederaufnahme zu bitten. Jetzt wiederholt sich die vorige Procedur, verbunden mit wiederholter öffentlicher Fürbitte, wird aber nunmehr sofort auf die Dauer eines ganzen Jahres gesetzt. Diese Probe wird von der Person bestanden, sie kommt zur Erkenntnis ihrer Sünden, und wird, so weit Menschen urteilen lernen, belehrt; demnach auch nach Verlauf eines Jahres und eines Monats feierlich wieder in die Kirchengemeinschaft mittels öffentlicher Aussprechung der Absolution über sie (nachdem über Luc. 15 gepredigt worden) aufgenommen und sofort zum heiligen Abendmal admittiert, welches (an einem sonst ungewöhnlichen Sonntag) fast die ganze Gemeinde mit ihr empfängt. Man sieht leicht, daß hier wenigstens ein Theil der aufgehobenen Kirchenbuße gar nicht zu entbehren ist, wie denn auch nichts unterlassen zu werden braucht (um nicht gegen die wenn schon unsinnigen Gesetze anzustoßen), als das öffentliche Sündenbekenntnis; die öffentliche specielle Absolution ist ja nicht verboten.

Ein zweites Beispiel aus einem ganz verschiedenen Lebenskreise. Ein in seinen Umgebungen sehr angesehener s. g. gebildeter Mann (ein höchst wolhabender Fabrikant) hat sich seit dem Jahr 1845 von den „freien Gemeinden" blenden und nachher berücken laßen; mehrere Jahre hindurch besucht er die Kirche nicht, genießt noch viel weniger das heilige Abendmal und äußert sich bei jeder Gelegenheit sehr wegwerfend über die Kirche und deren Bekenntnis und Lehre. Es gehen ihm Warnungen Seitens des Pfarrers zu, denen er jedoch Hohn entgegensetzt; indes bleibt es hierbei, weil man vor dem Jahr 1848 in feiger und thörichter Weise meinte, in solchen Fällen nichts ausrichten zu können. Sobald das Jahr 1848 herantrat, beginnt der Mann laut zu lästern, und alsbald nach dem Erscheinen des kurhessischen Religionsgesetzes (vom 29. October 1848) erklärte er förmlich seinen Austritt aus der evangelischen Kirche, und war nun in seinem Kreise ein Haupt der Freigemeindler. Da raffte sich doch die damalige Kirchenbehörde zusammen — freilich großenteils deshalb, weil er mit derben Invectiven gegen das Kirchenregiment ausgetreten war — und schickte ihm die Excommunication nach, zu welcher er in Gegenwart vieler Zeugen lachte. Nach vier Jahren machten die inmittelst veränderten Zeitverhältnisse seiner Frau Mut, ernstlich zu verlangen, daß ihr neugeborenes Kind und mit demselben auch die beiden nächst ältern, welche nicht getauft (sondern von einem Freigemeindler mit einem Namen begabt worden waren), die heilige Taufe ordnungsmäßig empfangen sollten. Der Mann gab nach, mußte aber erfahren, daß die begehrte Taufe nicht in seinem Hause sondern in der ¼ Stunde entfernten Kirche vorgenommen werden würde und daß er bei derselben nicht gegenwärtig sein dürfe. Da erwachte die Besinnung in ihm, und er begehrte die Wiederaufnahme. Diese wurde an folgende Bedingungen geknüpft: er stelle sich 4 Wochen lang dem Pfarrer, damit derselbe mit ihm den hessischen Landeskatechismus durchgehe, und ihn artikelweise über sein Bekenntnis vernehme;

ist dieß in befriedigender und regelmäßiger Weise geschehen, so wird ihm nach weitern 4 Wochen seine bisherige (freigemeindliche) Lehre in einer Reihe von Artikeln vorgehalten, und nachdem er bekannt hat, daß dieß wirklich die Lehre der Genoßenschaft gewesen, zu welcher er seit mehrern Jahren gehört hat, wird ihm eine formelle Verwerfung derselben, wiederum artikelweise, zur Aneignung vorgelegt; nachdem dieß geschehen ist, hat er abermals nach einem angemeßenen Intervall zu bekennen, daß und wie schwer er damit gesündigt habe (wobei namentlich auch die Theilnehmungssünden einzeln hervorgehoben werden), daß er Christum verworfen und seine Gnade gelästert, und hierauf endlich erfolgt coram presbyterio seine Absolution und Wiederaufnahme in die Kirche, wovon der Gemeinde am nächsten Sonntag öffentliche Mittheilung gemacht wurde. [Wahrscheinlich war diese Bekehrung nur eine äußerliche, aber der Mann leistete pünktlich und vollständig alles was von ihm begehrt wurde, und die Formeln der Verwerfung der freigemeindlichen Lehre, welche absichtlich durchgängig mit schneidender Schärfe, einige sogar mit Härte ausgedrückt waren, bekannte er, wiewol sie ihm auf 14 Tage Bedenkzeit mitgegeben wurden, ohne Zögern als die seinigen und unterschrieb sie; auch brach er den Verkehr mit den bisherigen Gesinnungsgenoßen, wie dieß gefordert worden war und gefordert werden mußte, gänzlich ab. Dieß Beispiel dient zum Beleg, daß sich in manchen Fällen, wo es nicht möglich ist in das Herz zu sehen, mit den vorgeschriebenen Leistungen für die Reconciliation begnügt werden müße].

Viertes Kapitel.

Von der Kirchenzucht im Besondern (von der Kirchenzucht im engsten Verstande)

d. h. von den Mitteln, durch welche die Anwendung des großen und kleinen Bannes vorsorglich verhindert werden soll, von den Stufen der Admonition und von dem Verhältniß des kleinen Bannes zum großen Bann, so wie von den Gegenständen dieser Kirchenzucht.

Diejenigen Vergehungen welche Gegenstände der Kirchenzucht sind, werden von dem Apostel Paulus 1 Cor. 5, 11 aufgezält: πόρνος, πλεονέκτης, εἰδωλολάτρις, λοίδορος, μέθυσος, ἅρπαξ. Dazu kommen noch die Stellen 1 Cor. 6, 9—10, wo die Fleisches=sünden der μοιχοί, der μαλακοί und ἀρσενοκοῖται so wie die Sünde des Diebstals hinzugefügt sind; 2 Thess. 3, 14 (Müßiggang), 1 Tim. 6, 3—5 (Heterodidaskalie), 2 Tim. 3, 5 (wo ein längeres Sündenverzeichnis aus der bevorstehenden Zeit des Abfalls gegeben wird). Im Ganzen rechnet man dahin die Sünden wider den Dekalog, und die Ziegenhainer Kirchenzuchtordnung führt 8 Stücke auf (schon früher genannt: 1) falsche Lehre, 2) Gotteslästerung, Fluchen, Schwören, 3) Ehezank und üble Haushaltung (Familien=verhältnisse ꝛc. „die Ehegemal kindt vnd gesinde mit vnleydlicher vnbilligkeyt vbel halten, odder zu offenbaren schanden vnd sunden verorsachen"), 4) „den Eltern, Vorgesetzten und Obern durch mut=willigen und unbilligen Ungehorsam widerspenstig sein", 5) öffent=liche, beharrliche und unversöhnliche Feindschaft gegen den Nächsten, 6) besondere That=Sünden gegen den Nächsten: Verleumdung und falsches Zeugnis; öffentliches Schmähen und Schelten; Betrug, Unter=schlagung, Diebstal, Raub, Wucher; Mißhandlung, Todschlag,

7) öffentliche Unzucht oder schwerer Argwohn derselben (Hurerei [„Büberei"] und Ehebruch), 8) Unmäßigkeit im Eßen und Trinken). Hierzu komt, was in der Kirchenordnung vom 12. Juli 1657 c. 18 (Form der öffentlichen Buße und Absolution) im Eingang an Vergehungen aufgezält ist, so wie dasjenige was in den ersten 30 Visitationsfragen die an Pfarrer und Aelteste zu richten sind in c. 19 dieser Kirchenordnung enthalten ist. Wir betrachten die Vergehungen nach folgenden Uebersichten:

 A. Vergehungen gegen die Kirche.

 B. Vergehungen gegen die Ehe und das Familienleben; einschließlich der verwandten Fleischessünden: Trunksucht und Müßiggang.

 C. Vergehungen gegen den Nächsten. [Bei Weitem keine Erschöpfung der Gegenstände! nur allgemeine Züge und Umriße].

 A. Unter den Vergehungen gegen die Kirche pflegt man zunächst zu nennen 1) die Gotteslästerung. Diese zeigt sich bekanntlich gerade da am deutlichsten und entschiedensten, wo Seitens der Pfarrer nicht bloß über Gott und Christus geredet, sondern Gott und Christus Selbst gepredigt und gebracht, von Ihm gezeugt wird. Es gehört dahin jede, besonders höhnende, Herabwürdigung der Person des lebendigen Gottes, Christi, des heiligen Geistes; aber auch höhnende Herabwürdigung des Wortes Gottes wird nicht mit Unrecht hierher gerechnet (Entstellung des Detalogs in die 10 Gebote der Trinker, die Bibel zur Unterhaltung mit in öffentliche Gesellschaft nehmen, um „Curiosa" daraus vorzulesen oder sie zu „widerlegen", 5 Hauptstücke der Demokraten, 3 Artikel des Glaubens der Männer an die Weiber u. dgl.), Nachäffung der heiligen Sacramente (Taufen mit Wein oder Branntwein), Nachäffung des Gebets. An sich unterliegt die Gotteslästerung dem Anathem, jedenfalls nach c. 18 der Kirchenordnung von 1657 der öffentlichen Kirchenbuße, also nach deren Aufhebung der Privatcensur resp. dem kleinen Bann. Doch muß in der gegenwärtigen Zeit darauf geachtet werden, daß manche Dinge, welche an sich Gotteslästerung sind, aus bloßer Unwißenheit (reiner Blindheit), welche auf ungenügender, verkehrter oder geradezu gottloser Unterweisung beruht, fließen, daß mithin vor allen Dingen eine Belehrung und

Unterweisung eintreten muß, und erst wenn dieser sich entzogen oder
dieselbe abgewiesen wird, weitere Maßregeln ergriffen werden können.
Niemals aber darf der Pfarrer taub gegen Gotteslästerung sein, er
muß jedem einzelnen Fall in seiner Gemeinde mit pastoraler Weis=
heit und Vorsicht entgegen treten.

Eine der ärgsten Formen der Gotteslästerung ist der Meineid.
Im Kurfürstentum Hessen ist zur Verhütung desselben die Ablegung
eines Declarationseides in bürgerlichen Rechtsstreitigkeiten noch an
die Mitwirkung der Kirche gebunden, indem einer solchen Ablegung
eine s. g. Eidesbelehrung (Eidesverwarnung) durch den Pfarrer
vorausgehen muß. Dadurch wird, wie es ganz in der Ordnung
ist, die Kirche zur Eideshelferin gemacht — die fides des Schwörenden
ruht auf der dieselbe beglaubigenden Kirche — und es gehört mithin
die seelsorgerische Handlung der Eidesbelehrung zugleich zu den
wichtigeren verbereitenden Disciplinarmitteln der Kirche. Um diese
Handlung vornehmen zu können, ist selbstverständlich zunächst eine
vollständige Einsicht des Pfarrers in die Natur des Eides nötig —
eine Einsicht, an der es nur zu oft gefehlt hat —, sodann aber auch
die Erzeugung einer solchen Einsicht bei dem Schwörenden, was
gegenwärtig, bei der heillosen Verwirrung welche in der Gelehrten=
welt wie im gemeinen Leben über die Lehre vom Eid sich verbreitet
hat, keine leichte Arbeit ist, zumal bei den s. g. Gebildeten und den
Halbgebildeten. Der Pfarrer darf hier sich niemals damit ab=
weisen laßen, daß der Schwörende „ja recht gut wiße, was der Eid
auf sich habe", sondern er muß unbeweglich dabei verharren, die
sämtlichen Hauptsachen der Eidesschwörung vollständig darzu=
legen und dem Schwörenden vorzuhalten; namentlich muß auch
die Gottesnähe (Adiastasie, nicht „Allgegenwart oder Allwißen=
heit") hervorgehoben werden, was ehedem sich am leichtesten von
selbst verstand und heut zu Tage gerade am schwierigsten begreiflich
zu machen ist. Von allen Seiten muß der Pfarrer immer wieder
darauf zurückkommen (was das eigentliche Fundament des Eides
und das erste Element der Eidesbelehrung ist), ob der Schwörende
seine eigene Seligkeit um Christi willen und das Object des Eid=
schwurs zusammen denken, in Eins faßen, könne. [Hierbei auch auf
den Aberglauben zu achten: von sich ab= und auf sich zu=Schwören,
Erde in den Schuhen, verschloßene Fenster (weil eigentlich der Eid

sub divo geleistet werden mußte) und Anderes]. Sodann aber muß der Pfarrer auch nicht im Allgemeinen stehen bleiben, sondern auf den concreten Fall mit Besonnenheit und Eindringlichkeit eingehen und die allgemeinen Sätze der Lehre vom Eide sämtlich im Einzelnen auf den vorliegenden Fall anwenden. (Dieß war ehedem unmöglich, weil der Streitgegenstand vom Gerichte dem Pfarrer nicht mitgeteilt wurde [kann daß eine oft noch dazu in dem unverständlichen Stile abgefaßte Formulierung der Juration an den Pfarrer gelangte], also der Pfarrer gezwungen war, in den Allgemeinheiten stehen zu bleiben. Es war dieß eine indirecte Begünstigung des Meineids, und erst vor wenig Jahren ist dieser arge Mißstand geändert worden). Hier ist es vor allem wichtig, daß die Thatsache welche beschworen werden soll, auf die möglichst einfachste Form gebracht werde (wozu bei der Complicirtheit unseres jetzigen Processes einige Uebung gehört), sodann, daß alles was Warscheinlichkeit heißen kann von der Objectivität auf das Bestimteste geschieden (die Möglichkeit abgeschnitten werde, einen Declarationseid für einen s. g. Glaubenseid zu halten, diesen statt des erstern unterzuschieben), und etwaigen Mentalreservationen begegnet werde. Am schwierigsten zu behandeln sind die eben angeführten s. g. Glaubenseide, welche billig gleich den nunmehr abgeschafften Reinigungseiden aus der Gerichtspraxis ausfallen sollten. Es komt gar zu häufig vor, daß für den Augenblick allerdings die Ueberzeugung feststeht, die Sache verhalte sich nicht anders, als beschworen werden soll, und daß hinterdrein der Eidesleister an sich selbst irre wird, oder gar die entgegengesetzte Meinung die Oberhand gewinnt; dann treten entweder die schrecklichsten Gewissenskämpfe oder Gleichgiltigkeit gegen den Eid ein. Im Allgemeinen muß der Pfarrer die Ablegung von Glaubenseiden widerraten. — Ist die Eidesbelehrung vollzogen (wozu sich immer ausreichende Zeit, nach Umständen wiederholte Besprechung, zu nehmen bzw. zu fordern ist), so sollte genau genommen das Resultat derselben, nicht blos das Factum bescheinigt werden, indes wird hierüber wol vorerst nicht hinwegzukommen sein. Daß erklärten Gottesleugnern, Solchen die Christum verwerfen, die an die Vergebung der Sünden um Christi willen, nicht glauben, und sich vielleicht eben während des Acts der Eidesleistung als solche ausweisen, eine Bescheinigung nicht erteilt werden könne und dürfe, versteht sich von selbst.

Ist nun ein Meineid trotz der „Verwarnung zur Verhütung des Meineids" vorgekommen, so ist zwar an und für sich kein Zweifel, daß derselbe mit dem großen Bann geahndet werden müße, und zwar unangesehen, daß nach gemeinem Recht (auch nach den meisten Particularrechten z. B. dem preußischen Landrecht) der Meineid auch bürgerlich gestraft wird. Wo dem Meineid dieser Civil=Nachteil folgt, hat der Pfarrer hinsichtlich der Entdeckung und Bestrafung des Meineids niemals die Initiative zu ergreifen, um nicht der Allotrioepiscopie zu verfallen, sondern den Eintritt der criminellen Untersuchung und das Resultat derselben erst abzuwarten, alsdann aber auch unverweilt mit der Kirchendisciplin vorzuschreiten. Indes muß auch unter diesen Voraussetzungen doch die Stellung des Meineidigen, welche er in der Verwarnung eingenommen hat, berücksichtigt werden. Konnte an der Haltung, welche er damals einnahm, die Ausschwörung eines falschen Eides voraus bemerkt, also die Absicht des Meineides supponiert werden, so ist streng nach den Regeln, welche für die Vorbereitung zum großen Bann gegeben worden sind, zu verfahren (zweimalige Erinnerung ohne mit dem Bedrohten inzwischen zu verhandeln); aber es gibt auch viele Halbe und Schwankende, welche hinterdrein erst zur Einsicht kommen, Manche welche Warscheinlichkeitseide den geforderten Declarationseiden unterschieben u. dgl. Mit diesen ist es rätlich, innerhalb der Bedrohungstermine, welche dem großen Bann vorausgehen, angelegentlich zu verhandeln; am meisten gilt dieß von Glaubenseiden, an denen die Meineidigen nachher selbst irre geworden sind. Wird ein Meineid etwa bloß in der Beichte entdeckt, was öfter vorkomt, selbst bei unserm jetzigen Zustande der Beichte, als man denken sollte, so ist nicht unbedingt darauf zu dringen, daß der Meineidige sich selbst der bürgerlichen Obrigkeit denunciere; es hängt dann sehr viel von der Bußfertigkeit des Meineidigen ab, und namentlich ist es zu raten, Glaubenseide welche sich hinterdrein als falsch ausweisen, in dem Kreiße der Beichte lediglich zu belaßen. Zur Reconciliation aber gehört einmal eine lange Vorbereitungs= resp. Buße=Zeit, sodann, wenn durch den Meineid irgend Jemandem eine bürgerliche

Schädigung erwachsen ist, unbedingt die Restitution des geschädigten Gutes, so weit diese Restitution nur irgend möglich ist.

2) Nächst der Gotteslästerung und dem Meineid ist die Auflehnung gegen die kirchliche Auctorität, mit welcher sich nicht selten Auflehnung gegen alle menschliche und göttliche Auctorität verbindet (Aufruhr ꝛc.) zu erwähnen. Wer beharrlich und zumal in qualificierter Weise sich weigert, vor dem Pfarrer zu erscheinen (z. B. auf eine oft wiederholte Mahnung hierzu nur die Antwort gibt, er brauche vor dem Pfarrer nicht zu erscheinen, der Pfarrer habe ihm nichts zu befehlen ꝛc.) ist zunächst mit der Sacramentssperre zu belegen, und sind sodann die weitern kirchlichen Auctoritäten (in Hessen Metropolitan, Superintendent, Consistorium) anzugehen, damit von diesen aus gleiche Aufforderungen, wie sie der Pfarrer erlaßen hat, an den Renitenten gerichtet werden. Hier werden denn nun angemeßene Fristen gesteckt, es wird der Renitent in der früher bemerkten Weise in das Kirchengebet eingeschloßen, und wird der große Bann mit möglichst längsten Fristen angedrohet, es sei denn, daß seine Renitenz bereits auf einem crimen manifestum et publicum beruhete, welches an sich schon den großen Bann nach sich ziehen müßte. Erst wenn alle diese Mittel erfolglos erschöpft worden sind, kann und muß zum großen Bann gegriffen werden; außerdem aber ist es sehr zu widerraten, wegen einfacher Renitenz mit dem Anathema eiligst vorzurücken. Es mischt sich hier allzuleicht fleischlicher Eifer ($\zeta\tilde\eta\lambda o\varsigma$ und $\vartheta\upsilon\mu\acute o\varsigma$) ein. In Hessen ist indes noch ein Recht der ältern Praxis übrig, nach welcher sich die christliche Obrigkeit schuldig hielt, der Kirche ihren Arm zu leihen: renitente Kirchenglieder können durch die Polizeigewalt dem Pfarrer vorgeführt werden, wenn er diese Vorführung bei der Verwaltungsbehörde beansprucht. Bei ganz rohen, ungebändigten Naturen ist auch hin und wieder von diesem Mittel Gebrauch zu machen; im Ganzen aber ist es selbst bei der roheren Klasse geraten, davon Abstand zu nehmen und die kirchlichen Mittel ganz allein in Wirksamkeit treten zu laßen. In unserer Zeit kann die Kirche durch Anspruch an die Hülfeleistung durch die weltliche Gewalt („den Staat") wol viel verlieren, aber niemals etwas gewinnen.

Daß ganze Gemeinden, wenn dieselben sich renitent gegen die kirchliche Auctorität verhalten, mit dem Interdict belegt werden können, ist früher bemerkt worden. Eben so darf die kirchliche Behörde niemals stumm und unthätig bleiben, wenn eine thätliche Auflehnung gegen alle göttliche und menschliche Auctorität bei Einzelnen oder bei Massen eintritt. Während des Aufruhrs selbst ist nichts anderes anzuwenden, als das Wort, das Zeugnis, dieses muß aber als strengste Gesetzespredigt unabläßig und laut abgelegt werden. Wer sich fürchtet, der glaubt nicht, wer aber glaubet, der fleucht nicht. Sind die höchsten Wogen abgelaufen, und ist äußerlich die Besinnung zurückgekehrt, so muß Buße gefordert werden, und wenn sich gegen diese gewehrt wird, muß als gegen Renitenten procediert werden. Jedenfalls muß aber denen, welche in der Empörung gefallen sind (Barricadenkämpfern) das kirchliche Begräbnis unbedingt verweigert werden.

3) Die Sabbathentheiligung beruht bekanntlich darauf, daß an die Stelle des 7. Tages der 1. Tag in der Kirche Christi gesetzt, die Vorschrift des Dekalogs aber, da nur eine Tagvertauschung eingetreten, auf den 1. Tag übertragen worden ist. Wir nehmen hier die Sache, wie sie factisch steht, ohne uns auf die theoretischen Erörterungen, welche in die theologische Moral gehören, einzulaßen. Hier muß nur das bemerkt werden, daß das, was im Dekalog verboten ist, מְלָאכָה (Ex. 20, 10), מְלֶאכֶת עֲבֹדָה (Lev. 23, 7—8) d. h. Erwerbsarbeit, Knechtsarbeit ist, eine Arbeit welche den Fluch der Arbeit fühlbar macht. Darauf muß allerdings die Kirche mit Strenge halten, daß diese unbedingt unterbleibe, aber in talmudische Kleinlichkeit darf sie auch nicht verfallen.*).

Gegen Feldarbeit, Fabrikarbeit, Bauarbeit, Handelsverkehr (einschließlich des Ablohnens am Sonntag Morgen) als gegen res manifestas et publicas und welche öffentliches Aergernis geben, muß mit Bestimtheit eingeschritten werden. Sollte sich ein solcher Unfug irgendwo festgesetzt haben, so ist zunächst durch eingehende und energische Gesetzespredigt, sodann aber durch specielle persönliche

---

*) Wir sind in diesem Punkte im Kurfürstentum Hessen weit beßer gestellt, als die meisten Länder Deutschlands, namentlich als unsere beiden Nachbarländer Preußen und Hannover, welche das Gesetz der Sabbathheiligung so gut wie gar nicht kennen, und in den betreffenden Grenzbezirken uns schwere Last und Aergernis machen.

Erinnerungen, dann durch Vorladungen, endlich durch Sacraments=
sperre und die weitern Maßregeln dagegen anzugehen. Hier darf
sich der Pfarrer nur nicht auf Inconsequenzen und Nachgiebigkeiten
ertappen laßen, z. B. wird auf dem Lande in manchen Gegenden
das Einführen von Klee am Sonntag Nachmittag den Unerfahrenen
als eine Notarbeit vergespiegelt; wird dieß zugegeben so muß
vieles Andere gleichfalls eingeräumt werden; eben so verhält es sich
mit dem Festhalten der Handwerksgesellen und Lehrlinge größerer
Handwerksstätten zur Vollendung angeblich dringender Arbeiten in
der Sonntagsfrühe, gegen welchen im eigentlichen Sinn ärgerlichen
Unfug ernstlich, und alsdann am ernstlichsten eingeschritten werden
muß, wenn gegen Feldarbeit ꝛc. eingeschritten worden ist.

Dagegen hat der Pfarrer sich zu hüten, gegen wirkliche Not=
arbeiten und gegen solche Beschäftigungen einzuschreiten, welche nicht
zu den מְלֶאכֶת gerechnet werden können. Zu den ersteren gehören in
Folge der veränderten Verkehrs= und Lebensverhältnisse manche Dinge,
welche nicht allein der äußerlichen Sonntagsheiligung, sondern auch
der Theilnahme am Gottesdienst selbst schweren Nachteil bringen
z. B. der oft sehr geräuschvolle Milch= (und Brod=) verkauf in
großen Städten und deren Umgebungen, sodann der Verkehr durch
die Eisenbahnen und Posten. Doch läßt sich hier, wie die Erfarung
gezeigt hat, manches inhibieren, wenn es geschickt angefangen wird
z. B. das Güterverladen auf den Eisenbahnen am Sonntag. —
Beschäftigungen, welche nicht zu den מְלֶאכֶת gehören, sind, falls
sie nicht aus andern Gründen dem christlichen Leben Eintrag thun,
als $\dot{\alpha}\delta\iota\acute{\alpha}\gamma o\varrho\alpha$ zu behandeln. Vor puritanisch=talmudischer Strenge,
welche z. B. dagegen eifert, daß am Sonntag kein Buch als ein
Erbauungsbuch in die Hand genommen werden soll, muß gar sehr
gewarnt werden.

Dahin gehören auch die s. g. Vergnügungen zum großen Theil.
Lärm, Unfug, Excesse bei solchen Gelegenheiten verstehen sich als
Sabbathentheiligungen freilich ganz von selbst; aber wo dieß nicht
eintritt, und im Allgemeinen läßt sich die Vornahme von Ver=
gnügungen am Sonntage nicht principiell verbieten. Es darf
hier die pädagogische Aufgabe der Kirche nicht vergeßen werden:
die Kirche besteht nicht aus lauter conversis et sanctis, sondern

zum großen Theil aus vocatis, ja aus revocandis, und bei
diesen ist es ausreichend, wenn nur die lex externa politica ein-
gehalten wird. Daß hierbei eine lange Reihe von Vorsichtsmaß-
regeln Platz greife und notwendig sei, zumal mit Rücksicht auf die
verschiedene Beschaffenheit der s. g. Vergnügungen, versteht sich von
selbst; wir gehen, um nicht weitschweifig zu erscheinen, daran vorüber. Nur auf die tempora clausa (Advent und Quadragesima)
muß gehalten werden, und wenn die Sitte noch irgendwo vorhanden
ist, daß der Sonnabend Abend schon mit zum Sonntag gerechnet
wird (was sogar das alte Kirchenrecht feststellte), so ist diese
sorgfältig zu schonen und zu pflegen; die Wiedereinführung derselben da wo sie völlig in Vergeßenheit geraten ist, erscheint
nicht nötig.

4) Was die Vernachläßigung des Sacraments und der
Theilnahme am öffentlichen Gottesdienst betrifft, so ist die
erstere, schon als Ablegung des signi et testimonii Christianae
confessionis in keinem Fall mit Stillschweigen zu übergehen.
(Hierher gehören die catalogi communicantium).

Noch ist hier zu bemerken, daß dahin gewirkt werden muß, daß
das Abendmal so oft als möglich genoßen werde, und daß der
Albernheit entgegen getreten werde, es sei nicht „anständig" so
oft zum Abendmal zu gehen, es werde dadurch Gleichgültigkeit
erzeugt ꝛc.

Die Procedur gegen die Vernachläßigung des öffentlichen Gottesdienstes ist dadurch in hohem Grad erschwert worden, daß derselbe
seinen objectiven Charakter zum größten Theil eingebüßt hat, und
in ein subjectives, zeitlich die Person des Pfarres fast ausschließlich
hervorkehrendes Verhältnis zu den Kirchengliedern sich verwandelt
hat. Wenn nun ein unbegabter, oder gar rhetorischer, oder vollends
ungläubiger Pfarrer, der wenigstens kaum zu den vocatis, geschweige denn zu den illuminatis oder gar den conversis gehört,
nichts als seine nichtssagenden (oder gar kirchenfeindlichen) Sub-
jectivitäten vorträgt, wobei es dann an dem Worte Gottes oft
ganz fehlt, indem nicht einmal eine hinreichende copia von Schriftstellen in der Predigt vorkomt (wodurch in ältern Zeiten auch sehr
unbegabte Pfarrer dennoch ihre Stelle auf der Kanzel ausfüllten
und mitunter recht gut behaupteten), so ist der Nichtbesuch des

Gottesdienstes nur allzu erklärlich. Es folgt hieraus notwendig Gleichgültigkeit. Da nun außerdem bei uns das sonntägliche Abendmal ganz, die Liturgie fast ganz weggefallen ist, und die Beteiligung der Gemeinde bei dem Cultus auf den Kirchengesang sich beschränkt hat, dieser aber so beschaffen ist, daß oft die Lippen sich weigern, die bald geschmacklosen und albernen, bald geradezu unchristlichen Phrasen mitzusingen, ja die Augen, sie nur nachzulesen (und es steht so selbst mit dem niederhessischen Gesangbuch, einem der ältesten unter den modernen — denn wer will singen nur oder lesen: Schön ist die Tugend, mein Verlangen ꝛc. von Cramer oder: Wenn ich ein gut Gewißen hab, von Weiße; „Dein Will ists großer Gott ich soll mich selber lieben"; „Des Leibes warten und ihn pflegen"), so ist der Besuch des Gottesdienstes oft in der That nicht nur keine Erbauung mehr, sondern leider in sehr vielen Fällen ein Aergerniß. Und wo die Gleichgültigkeit und das Aergerniß einmal eingerißen ist, läßt sich dieß nicht so leicht wieder beseitigen, auch nicht von den befähigtsten und gläubigsten Pfarrern. Deshalb muß ein Vorschreiten mit eigentlicher Kirchendisciplin gegen die Vernachläßigung des Gottesdienstes, wenn nicht noch andere Gründe (offenbarer Unglaube oder gar Lästerung) hinzukommen, widerraten werden; es läßt sich hier nur sehr langsam, durch Wortverkündigung, welche ein Zeugniß in sich enthält, wirken. Wollen aber gar rationalistische Pfarrer den Besuch des Gottesdienstes, so wie er eben ist, und zwar unter ihrer Amtsadministration ist, erzwingen, so sind sie für nichts zu halten, als für Pfaffen im schlimmsten Sinn des Wortes.

5) **Falsche Lehre. Sektirerei.** Um zu wißen, was falsche Lehre, Heterodidaskalie sei, muß der Pfarrer freilich für seine Person nicht in seiner Lehre, sondern in der Lehre der Kirche fest sein, und das ist in unserer Zeit der Subjectivität und des Zerfallens der Lehre in Individuallehren nicht leicht zu erreichen, um so schwerer, als jetzt wiederum, wie schon im 16. Jahrhundert, die individuelle Ansicht nicht mehr, wie noch vor 30 Jahren, als solche auftritt, sondern mit dem Anspruch, Kirchenlehre zu sein. Wer hier selbst noch schwankt, kann begreiflicher Weise gegen Heterodidaskalie und deren Träger keine Kirchenzucht ausüben, und es muß deshalb allen noch unsichern Pfarrern Vorsicht anbefohlen werden in Hinsicht

auf diesen Gegenstand der Kirchenzucht. Erst wenn die Hauptsachen des christlichen Lebens nicht mehr bloß gewußt, sondern erlebt worden sind, so daß man von denselben zeugen kann, ist es möglich, gegen Heterodidaskalie eine den Seelen wirklich heilsame Kirchenzucht zu üben; mit andern Worten: erst wenn der Pfarrer nicht mehr nur ein Erleuchteter, sondern ein Bekehrter ist, ist er innerlich berechtigt und wirklich befähigt, dieses Gebiet der Kirchenzucht zu betreten, oder: um falsche Lehre wirksam zu bekämpfen, muß man eben mehr haben als bloße Lehre. (Die hierher gehörigen Besonderheiten aufzuführen, ist nicht dieses Orts, vielmehr gehört dieß in diejenigen Abschnitte der Pastoraltheologie, welche von der Vorbereitung auf das geistliche Amt handeln).

Sodann aber muß erinnert werden, daß hier von **Heterodidaskalie** und nicht etwa von Heterodoxie die Rede ist. Gegen Heterodoxie ist nur in seltenen Fällen kirchendisciplinarisch vorzugehen, vielmehr gehört sie fast ausschließlich in das Gebiet der Seelsorge; allerdings aber kann es Fälle geben, wo auch die bloße Heterodoxie zum kleinen, und dann unter den betreffenden Umständen zum großen Banne führen kann.

Die Heterodidaskalie ist diejenige Form der Heterodoxie, welche auf irgend eine Weise **Propaganda** macht d. h. sich öffentlich ausspricht und dadurch die Gemüter unsicher macht, also Aergerniß anrichtet, zum Separatismus und zur Häresie entweder führt oder schon wirklich Separatismus, Häresie, Abfall vom Christentum ist.

Nun gehört auch zur richtigen Würdigung der Heterodidaskalie: ein bestimtes Bewußtsein von der Zukunft der Kirche, um nicht in Beurteilung und Bekämpfung der Heterodidaskalie den schlimmsten und für die Kirche bedenklichsten Irrtümern zu verfallen. Ein warnendes Beispiel ist hier der Irrtum der katholischen Kirche, welche in der evangelischen Lehre nur Heterodidaskalie sah, und die Zukunft der Kirche in dieser Beziehung völlig verkannte; indes hat sich unsere Kirche durch dieses Beispiel nicht, wie sie sollte, warnen lassen: die oft fast kindische Furcht derselben vor Enthusiasten (Ende des 16. und im 17. Jarhundert) hat ihr manche Lehrstücke völlig verdunkelt (Wunder, Eschatologie) und sie nicht nur auf den Weg der s. g. todten Orthodoxie geführt; sondern auch das Wesen und das Recht der Kirche ihr gänzlich aus den Augen gerückt, so daß schon am

Ende des 17. Jahrhunderts (und noch jetzt) die Lehre der A. C. von der Kirche im Allgemeinen für Heterodoxie und Heterodidaskalie hat gelten können; in den Pietisten sah sie gerade das nicht, was wirklich Heterodidaskalie war (Subjectivismus, Vorbereitung des Rationalismus), und die gesunde Lehre der Pietisten galt für heterodidaskalisch; und die läppische Furcht vor der katholischen Kirche hat es ja noch in der neuesten Zeit dahin gebracht, daß nicht allein Rationalisten und leere Theoretiker, sondern ganz wolgesinnte Lehrer der Kirche die Heterodidaskalie der freien Gemeinden und der Deutschkatholiken nicht nur mit gleichgültigen, sondern sogar mit billigenden Augen betrachteten, auch noch immer lieber mit den ärgsten Sekten fraternisieren, die geradezu auf Zerstörung der Kirche ausgehen, als gegen den eigentlichen Feind der Kirche sich zusammenthun (Evangelische Allianz). Es ist dieß alles Blindheit gegen die Zukunft der Kirche; — nannte man doch in der ersten Blüte des Rationalismus den rechten evangelischen Glauben ganz unbefangen „Separatismus" (seitdem freilich, je mehr der Abfall selbstbewußt geworden ist, mit weit ärgeren Namen!).

Gegen wirkliche Heterodidaskalie aber muß allerdings nächst dem Wort auch die Zucht der Kirche in Wirksamkeit gesetzt werden. Als Beispiel unserer Tage mögen die s. g. Materialisten dienen (es drohen übrigens auch die Spiritualisten [Tischklopfer, Psychographenverehrer] in nicht allzu ferner Zukunft). Was zunächst die gegen dieselben zu gebrauchende Wortverkündigung betrifft, so ist es des Pfarrers Sache nicht, die Materialisten „auf ihren eigenen Boden zu verfolgen" d. h. ihnen in ihren gottfeindlichen Gedanken nachzugehen und durch eigentliche Widerlegung sie zu bekämpfen — überlaße der Pfarrer das der wißenschaftlichen d. h. naturhistorischen Discussion. Der Pfarrer hat, zunächst wenigstens, nichts anderes zu thun, als die Lehre von der Schöpfung des Menschen so wie die Lehre von dem lebendigen Christus und die Lehre von dem heiligen Geist darzulegen und bis in die Einzelheiten genau und vollständig einzuprägen, vorausgesetzt, daß diese Lehren bei ihm selbst lebendig und eben mehr als Lehre, daß sie Erlebnis sind. Dazu muß außerdem, falls er dessen mächtig ist (was freilich bei dem heutigen Zustande unserer Theologie nicht überall anzunehmen sein möchte), die Schriftlehre von der Natur, von deren Verhältnis zu

Gott, zum Menschen und zumal zur Erlösung des Menschen verkündigt werden. Dieß muß geschehen zwar immer, aber mit besonderer Sorgfalt und Ausführlichkeit alsdann, so wie nur Andeutungen vorhanden sind, daß materialistische Propagationen in der Gemeinde sich regen. Zeigt sich dann z. B. in Fabrikstädten eine größere Ausbreitung dieser Irrlehre, so muß weiter vorgegangen werden. Es muß nämlich alsdann die Lehre der Materialisten (abgesehen von dem Körnlein guter Wahrheit das sie, dem abstracten papiernen Spiritualismus gegenüber, in sich trägt) mit den schärfsten Worten als unvereinbar mit dem Christenglauben und Christenleben und mit dem Verharren in der christlichen Gemeinschaft gekennzeichnet werden, und die Propagatoren dieser Lehre sind speciell vorzuladen um diesen Vorhalt sich machen zu laßen, so wie den weitern, daß sie das Propagieren ihrer Irrlehre zu unterlaßen hätten, widrigenfalls ihre Ausschließung aus der christlichen Kirche ihnen in Aussicht gestellt werden müße. Dieser Vorhalt ist öfter zu wiederholen, und zwar bis dahin, daß entweder Fügsamkeit (mit ausdrücklicher Erklärung) oder offenbare Renitenz eintritt. In letzterem Falle sind dann die früherhin bezeichneten Wege zur Vorbereitung für den großen Bann einzuschlagen und mit Festigkeit zu verfolgen. Aber wolgemerkt: sie dürfen nicht eingeschlagen werden, wenn nicht eine Reihe von Monaten, wenn nicht in den meisten Fällen wol ein Jahr und länger die angestrengteste Mühe und der sorgsamste Fleiß ist angewendet worden, und wenn nicht endlich wirklich Renitenz gegen diese Mühe eingetreten ist. Ist es aber so weit gediehen, dann fürchte man sich auch nicht, wie das schwachköpfige Personen wol thun, vor der etwaigen großen Masse der zu Excommunicierenden. Gerade dieß ist oft ein vorzügliches Heilmittel für die Gemeinde, und jedenfalls ist es unerläßlich, wirklich erstorbene Glieder ohne Weiteres zu entfernen, anstatt die Verwesung des Kirchenkörpers zu nähren aus fleischlicher Schwäche.

Diejenigen Heterodidaskalien, welche bei uns gegenwärtig als eigentliche Sekten herausgetreten sind, sind die Baptisten, die s. g. Theosophen, die Freigemeindler und endlich die s. g. Irvingianer.

Wir sehen hier von der tiefern Bedeutung der Lehre der Baptisten ab (z. B. daß die alten Fundamente der gänzlichen Ver-

werfung aller Auctorität, göttlicher und weltlicher, bei ihnen noch
so fest stehen wie im Jahre 1534 und nur der günstigen Gelegenheit
warten, um genau dasselbe Zerrbild eines neuen Zion auf sich
construieren zu lassen, wie damals; daß der Communismus zu ihren
Principien gehört, daß sie das geistliche Amt und die Ordnung der
Kirche verwerfen) und halten uns lediglich an den Punkt, von dem
sie den Namen tragen. Sie verwerfen unsere Taufe als ungültig (Spott
auf die Taufe), wir erklären umgekehrt ihre Taufe für Schändung
des Sacraments. Hiernach ist eine Gemeinschaft zwischen uns
und ihnen gänzlich unmöglich, und sollte selbst für diejenigen
unmöglich sein, welche sich nicht zur A. C. und Apologie halten
und in der Taufe nur ein Symbol (keine lebendige Gotteskraft)
sehen. Schon der Name, den sie sich selbst geben, Verein ge=
taufter Christen, schneidet jeden Verkehr zwischen denen, welche
die Kirchentaufe empfangen haben und ihnen gänzlich ab — dieser
Name spricht allen außer diesem Verein Stehenden die Eigenschaft
des Getauftseins ab. Dazu kommen in Hessen noch die sehr ent=
schiedenen Landesgesetze gegen die Wiedertäufer. Die Wortver=
kündigung den Baptisten gegenüber hat vor allen Dingen die Tauf=
gnade in ihr volles Licht zu stellen (wer das nicht kann, wird
stets eine unsichere Stellung zu der Sekte haben und bei ihnen ein
Gegenstand des wolverdienten Spottes sein). Auszurichten ist freilich
bei ihnen, wie die Erfarung gelehrt hat, mit der Wortverkündigung
sehr wenig oder gar nichts; indes muß dieselbe fortgesetzt werden,
und zwar unter Beifügung der Bedrohung mit dem
Anathem, so lange bis sie die Wiedertaufe empfangen haben. Mit
diesem Act aber ist der Bruch mit der Kirche vollständig vollzogen,
und muß nun unverweilt, ohne weitere Verhandlung mit den
betreffenden Personen, der große Bann über sie verhängt werden.
Sie ohne Excommunication mitten in der Gemeinde leben zu laßen
und sogar auch als Mitglieder derselben (durch Theilnahme der Kirche
am Begräbnis, was die Baptisten mitunter gern acceptieren, oder
wol gar durch seelsorgerische Thätigkeit) zu behandeln, heißt unserer
Kirche ins Angesicht speien; nur der crasse kirchliche Unverstand
kann dergleichen dulden oder gar selbst vollziehen. Allerdings hat
nach hessischen Gesetzen die weltliche Behörde die Pflicht auf sich, die
Wiedertäufer zu verfolgen; aber die Kirche darf nicht vergeßen, daß

sie zunächst beteiligt ist und das erste Wort zu sprechen hat. Ohnehin ist ein Verfahren gegen die Baptisten von weltlicher Seite (Polizei) erst alsdann möglich, wenn sie als aus der evangelischen Kirche ausgestoßen signalisiert sind; die Polizei gegen die Baptisten aufzurufen ohne kirchliche Disciplin (Excommunication) gegen sie zu üben, ist eins der kläglichsten Armutszeugnisse, welches die Kirche sich selbst ausstellen kann. Die Kinder der Baptisten gehören übrigens, da sie nicht getauft sind, unseren christlichen Schulen, in welchen die Taufe vorausgesetzt wird, nicht an, und müßen dieselben jedenfalls vom Religions=Unterricht gänzlich excludiert werden; die weltliche Obrigkeit mag hier zusehen, wie sie die Mittel schafft. Die Kinder aber mit List oder Zwang, wie ehedem und auch wieder in neuerer Zeit geschehen ist, zur Taufe zu bringen, ist unwürdig und der Ordnung der christlichen Kirche zuwider. Die Reconciliation der Baptisten, die zwar äußerst selten, aber doch vorkommt, bedarf nicht gerade der längsten Vorbereitungen, weil in der Regel das Gefühl der tiefen Schmach, welche die betreffenden Personen durch die Wiedertaufe dem Herrn Christo angethan und auf sich selbst geladen haben, mit ausgezeichneter Kräftigkeit bei ihnen vorhanden ist.

Die Theosophen (Gichtelianer) sind Spiritualisten, welche grundsätzlich nicht allein die Sacramente und den äußeren Kirchenverband, sondern auch die Wortverkündigung verschmähen. Der Christus in uns überwiegt bei ihnen ganz und gar den Christus für uns. Die Beßern unter ihnen stehen in einem sehr erregten Gebetsleben, und es muß deshalb gegen sie mit einer gewissen Schonung verfahren werden. Erfarungsmäßig wird zwar gegen sie auch nichts oder fast nichts ausgerichtet, und da, wo eine auffallende Sacraments=(Abendmals=)Verschmähung Statt findet, oder wo es sich offen zu Tage legt, daß sie die Ehe verwerfen (was von ihnen mit großer Entschiedenheit geschieht, aber mit eben so großer List verheimlicht wird), bleibt nichts übrig, als sie zu excommunicieren. Doch ist es bei diesen Personen nötig, eine lang fortgesetzte Belehrung an sie ergehen zu laßen, und möglichst gründliche Verhandlungen mit ihnen zu pflegen, und zwar thut man wol, die letzten, zum Theil wenigstens, schriftlich zu führen, weil diese Menschenklasse sich späterhin auf die gegebenen Erinnerungen nicht mehr besinnen zu können vorgibt. — Beide, die Baptisten und

Theosophen, sind durch schlechte Amtsverwaltung der Geistlichen vorzugsweise zwar hervorgerufen worden, haben dagegen das unter sich und mit den Irvingianern gemein, daß sie aus Erweckungen (auf welche keine Erleuchtung und Buße folgt) hervorgehen und den Boden für ihre Propaganda auch nur unter den Erweckten suchen; an die Verlorenen denkt weder ein Baptist noch ein Theosoph noch ein Mitglied der s. g. apostolischen Gemeinde.

Die s. g. Freigemeindler hüte man sich, für überwunden und abgethan zu halten; sie werden wiederkommen, und zwar ohne Zweifel mit bedeutend verstärkter Energie wiederkehren. Daß mit ihnen eine Kirchengemeinschaft gänzlich unmöglich ist, sollte sich von selbst verstehen, hat sich aber in der Blütezeit dieser so wie der deutsch=katholischen Rotte nicht von selbst verstanden; es sollte sich auch von selbst verstehen, daß, so wie der Uebertritt zu einer dieser Sekten des vollkommenen Abfalls documentiert ist, die Excommunication ausgesprochen werden müße, aber auch das hat sich keineswegs von selbst verstanden. Daß bei solchen Verirrungen Belehrungen ꝛc. eintreten müßen, ist zwar unumgänglich, indes ist sich hier sehr zu hüten, daß man nicht im sehr buchstäblichen Verstande die Perlen vor die Säue werfe und das Heiligtum den Hunden gebe; es genügt hier eine ganz kurze energische Zeugnisablegung, und müßen hierauf unverweilt die Vorbereitungen zum großen Bann getroffen werden. Die Reconciliation dieser Sektenglieder muß eine sehr vorsichtige und langdauernde sein.

Was die s. g. Irvingianer betrifft, so kann hier so wenig wie bei den Baptisten und Theosophen auf ihre innere Lehrgestaltung eingegangen werden. Da sich dieselben zu einem öffentlichen Bekenntnis noch nicht haben verstehen mögen, gleichwol aber Cultus und insbesondere Sacramente für sich verwalten, ohne auf die Ordnung unserer Kirche Rücksicht zu nehmen, so erfordert es die Ordnung der Kirche, daß wir sie als Sekte behandeln, also die kirchliche Gemeinschaft mit ihnen abbrechen, namentlich mit ihnen kein parochiales Gemeinschaftsrecht unterhalten. Da nach dem, was sie bisher von ihrer Lehre zu veröffentlichen für gut gefunden haben, ihr Bekenntnis die altchristlichen Symbola enthält, so dürfen sie, wenn auch die Gemeinschaft mit ihnen aufgehoben wird, doch vorerst nicht excommuniciert werden, und das Verhältnis zwischen uns und ihnen ist als Schisma zu behandeln. Die Forderung, welche an sie zu stellen ist, besteht, wenn sie anerkannt sein wollen als Kirche neben uns (gleich der katholischen, griechischen, anglikanischen und wie auch, die lutherische und reformierte Kirche neben einander, einander anerkennend, bestehen) darin, daß sie ein formuliertes Glaubensbekenntnis in glaubwürdiger Form aufstellen, und die evangelische Kirche (freilich nach unserer höchst unvollkommenen Kirchenverfaßung die einzelnen Territorialkirchen jede für sich) ein durch die competenten kirchlichen Organe (bei uns nur durch die Generalsynode) abzufaßendes Urteil über daßelbe abgeben.

Uebertritte zum Judentum wurden ehedem mit dem Tode, jedenfalls mit Landesverweisung bestraft; jedenfalls muß diesen Personen der große Bann in sehr unbedingter Form (als Anathema Maran Atha) nachgeschickt werden. Heiraten mit Juden unterliegen gleichfalls dem großen Bann, und Heiraten mit Deutschkatholiken und Freigemeindlern müßen nach zeitig vorausgegangener öffentlicher Bedrohung nicht minder mit dem großen Bann belegt werden.

B. Zu den Vergehungen gegen die Ehe und das Familienleben gehört 1) die Fornication. Daß jeder Fornicationsfall nach den in Hessen geltenden Kirchengesetzen dem kleinen Bann und der Privatbeichte und Privatabsolution unterliegt, ist im Vorhergehenden erwähnt worden, auch, daß es nicht im Mindesten wünschenswert oder ratsam sei, für diese Fälle unbesehens die Kirchenbuße wieder einzuführen. Desgleichen sind diese Fälle früher von uns benutzt worden, um manche Regeln der Privatbeichte an denselben zu veranschaulichen. Jetzt mag nur zweierlei nachgetragen werden: a) daß die Aufmerksamkeit des Pfarrers dahin gerichtet sein muß, nicht etwa ein mit Lügen vermischtes Bekenntnis von der vollzogenen Fornication mit der Absolution zu versehen, wozu bei den weiblichen Fornicanten nur allzu häufig Gelegenheit gegeben wird. Im äußersten Fall ist es vorzuziehen, von der Nennung des Schwängerers lieber ganz zu abstrahieren, als eine lügenhafte Bezeichnung desselben hinzunehmen.

b) daß alle Energie der Kirchenzucht darauf gerichtet sein muß, die Wiederholung des Vergehens bei denselben Personen zu verhindern. Zu dem Ende muß der zweite Fall mit der Censur vor den Kirchenältesten, der dritte Fall wenigstens mit der Censur vor den Kirchenältesten und am Altar nebst Androhung des großen Bannes für den weitern Fall, der vierte aber (wo nicht schon der dritte) unnachsichtlich mit dem großen Bann belegt werden, womit dann selbstverständlich für den zweiten und dritten Fall Bußübungen welche der Absolution vorhergehen in der früher beschriebenen Weise, wenigstens während 2—3 Wochen im zweiten Fall, während 4—8 Wochen im dritten Fall verbunden werden müssen. — Die Defloration von Fornicanten bei der Trauung steht nach hessischen Gesetzen noch fest, und folgerungsweise muß auch auf die Titel Junggesell und Jungfrau bei der kirchlichen Proclamation streng gehalten, aber sich auch sehr gehütet werden, diese Titel nicht an Solche zu verschwenden, welche sie nicht verdienen.

c) Das Lenocinium ist, sobald es constatiert ist (was bei der jetzigen Privateinrichtung ganz ohne Mühe durch Requisition der Polizeibehörden geschehen kann) unbedingt mit dem großen Bann zu bedrohen, und, wenn das Gewerbe nicht binnen längstens 3 Monaten kundbar niedergelegt worden ist, mit dem großen Bann zu belegen. Diesem Unfug zu steuern ist zunächst die Kirche berufen und unbedingt verpflichtet; ehe sie nicht ihre Stimme erhebt und geltend macht, ist es von der weltlichen Gewalt, deren Wirksamkeit überhaupt nicht hinreicht, diesen Krebsschaden zu beseitigen – nicht zu verlangen, daß sie einschreite. Auch darf der Pfarrer in diesem Punkte nicht etwa auf die Thätigkeit der innern Mission warten, welche allerdings den Schaden wol erkannt hat (Wichern), aber wirksame Hülfe zu bringen außer Stande ist. Jeder Pfarrer dem nur seine gewöhnlichste Mannesehre lieb ist, muß furchtlos und consequent einschreiten, und jede Kirchenbehörde, die nicht in ihren Personen der gewissen ewigen Verdammniß am jüngsten Tage anheimfallen will, muß den einschreitenden Pfarrer hierbei energisch und zwar namentlich mit der Verhängung des Anathems gegen die Lenonen unterstützen. Allerdings muß das geistliche Amt darauf gefaßt sein, den wütenden Haß nicht etwa allein der Lenonen, sondern vorzugsweise der höhern Stände und

Gesellschaftskreise, welche ganz eigens bei dem Bestehen der Prostitution interessiert sind, gegen sich aufzustacheln. Wer aber an seine Heerde und seine eigene ewige Seligkeit denkt und weiß, daß das Blut derer die ungewarnt in ihren Sünden sterben, von seiner Hand wird gefordert werden, achtet solcher Kleinigkeiten, wie den Haß von ein paar hundert „höher gestellten Leuten" der Art nicht einmal so viel, daß er nur ernstlich daran dächte. Schlimm ist es, daß wir in diesem Punkte keine energische Mitthätigkeit von der katholischen Kirche zu erwarten haben. Diese ist lax und wo in einer größern Stadt katholische Gemeinden sind, flüchten sich die von uns verfolgten Meretricen und Lenonen alsbald in die katholische Kirche.

Aehnliches gilt auch von denjenigen Personen, welche ohne eigentliche Lenonen zu sein, den Meretricen Wohnung in ihren Häusern geben. Sie sind gleichfalls mit dem Bann zu bedrohen, und die Tendenz der geistlichen Behörden muß dahin gerichtet sein, den Meretricen jede Unterkunft abzuschneiden und sie auf diesem Wege zur Besinnung zu bringen.

3) Wiederum Aehnliches gilt auch vom Concubinat. Die Kirche ist die erste, welche hier einschreiten muß, nicht aber darf sie, ihre Ohnmacht schimpflich eingestehend, zur Beseitigung dieses Uebels Polizeisergeanten und Gensdarmen anrufen. Daß bei dem Concubinat (z. B. in Grenzorten) Fälle eintreten können, welche eine Zeit lang Nachsicht und überhaupt Schonung verdienen, ist eine Ausnahme von der Regel, welche im Allgemeinen fordert, daß der Concubinat mit dem großen Bann bedrohet und eventuell belegt werde.

4) Nochmals Aehnliches gilt auch von den Civilehen, wo dieselben noch bestehen, für welche kirchliche Sanction nicht nachgesucht wird.

Die Grundlage für die gesamte Disciplin in christlichen Ehesachen ist das s. g. Brautexamen. Dieses besteht in der evangelischen Kirche Hessens zu vollkommenem Recht, und ist abgesehen von der Läßigkeit einzelner Pfarrer nur eine kurze Zeit, im Anfange des 18. und im Anfange des 19. Jarhunderts von 1810 (1820)—1850, und doch nur theilweise, außer Uebung gekommen.

Kirchenordnung von 1573. „Von Einsegnung der Eheleute". K. O. von 1657 ib. (c. 12): „und vor allem soll der Pfarrer von ihnen vernehmen, ob sie „auch ihren Catechismum gelernt haben, darin sie hernach ihre Kinder und Haus= „gesinde auch unterweisen und ihnen die Wort einbilden könten, und da hier „einiger Mangel gespüret, sol er sie die Hauptstück der christlichen Lehr, entweder „mit oder ohne Auslegung nach Gestalt und Gelegenheit der Personen zu lernen „ernstlich vermahnen, sie auch zum christlichen Kirchgang nicht zulaßen, „sie haben denn zuvor so viel gelernet, daß sie zum wenigsten die zehn Gebote, „die Artikel des christlichen Glaubens, das Gebet des Herrn, die Worte der Ein= „setzung der heiligen Taufe, desgleichen des heiligen Abendmals, samt den Gebeten „so vor und nach dem Eßen, item wann man des Morgens aufstehe und sich „des Abends zur Ruhe begibt, gesprochen werden sollen, eigentlich und gänzlich „recitieren und erzälen könten". Desgleichen 1573. Vom Catechismo oder Kinder= lehre 1657 ib. (c. 6.) „und soll keine Person, sei sie gleich jung oder alt, zur „christlichen Taufe zu Gevattern zu stehen und Gebrauch des heiligen Abendmals, „dergleichen zur Einsegnung der christlichen Ehe zugelaßen werden, sie wißen dann „ihren Catechismum von Stück zu Stück zu erzälen". 1657 c. 19 18te Visitationsfrage: „ob — die jungen Personen auch so sich aufbieten laßen, im Catechismo examiniert werden". Ref. Ordnung von 1656 c. 4 „Ferner setzen „ordnen und wollen Wir, daß die Pfarrer und Aeltesten auf ihre Pfarrkinder, „insonderheit ob sie den Catechismum lernen und wißen, fleißig Achtung geben „und das Volk insgemein durch öffentliche Vermahnungen dazu treulich weisen „und anhalten, mit angehefteter Vermahnung und Bedräuung, da die Eltern und „Hausväter ihre Kinder und Gesinde in dem versäumen, oder auch die Erwachsenen „von sich selbst fahrläßig sein und ihren Catechismum nicht können würden, daß „alsdann dieselben, wann sie freieten, nicht allein ehelich nicht eingesegnet, „auch zu dem Brauch des hochwürdigen Abendmals nicht gelaßen noch zu Ge= „vatterschaften oder dergleichen Ehrenständen verstattet, sondern noch darüber der „Obrigkeit angezeigt und der Gebür gestraft werden sollen. Derhalben wollen „Wir auch, daß die Pfarrer und Aeltesten jedes Orts auf diejenigen, so commu= „nicieren, zu Gevattern stehen oder Hochzeit halten fleißige Achtung haben, „daß sie ihren Catechismum oder zum wenigsten die 5 Hauptstücke christlicher „Lehre wißen, und derhalben diejenigen, so sie Unwißenheit halber verdächtig halten, „zuvor absonderlich vorbescheiden, darin hören, unterweisen, und „Keinen zu solchem Sacrament und Stande zulaßen, der hiervon „nicht einen christlichen Bericht und Bekenntnis zu thun weiß". (Die Verordnung statt gemeinen Ausschreibens vom 1. Februar 1726 nahm §. 8 un= befugter Weise von diesem Examen die „personae honoratiores," „bei welchen keine solche Unwißenheit zu vermuthen" aus, was an sich eine gänzlich ungültige Ausnahme ist, aber auch jetzt nicht nur nicht mehr zutrifft, sondern in das gerade Gegenteil umgeschlagen ist, so daß diese Ausnahme als völlig verworfen zu betrachten ist).